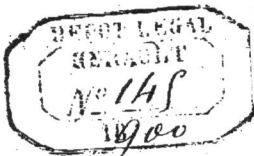

UNIVERSITÉ DE MONTPELLIER

FACULTÉ DE DROIT

CONDITION ET TRAITEMENT

DES

PRISONNIERS DE GUERRE

PAR

Louis CROS

DOCTEUR EN DROIT

AVOCAT A LA COUR D'APPEL

MONTPELLIER

IMPRIMERIE DELORD-BOEHM ET MARTIAL

Imprimeurs de l'Académie des Sciences et Lettres de Montpellier

1900

CONDITION ET TRAITEMENT

DES

PRISONNIERS DE GUERRE

UNIVERSITÉ DE MONTPELLIER

FACULTÉ DE DROIT

CONDITION ET TRAITEMENT

DES

PRISONNIERS DE GUERRE

THÈSE POUR LE DOCTORAT

PAR

Louis CROS

MONTPELLIER
IMPRIMERIE DELORD-BOEHM ET MARTIAL
Imprimeurs de l'Académie des Sciences et Lettres de Montpellier

1900

UNIVERSITÉ DE MONTPELLIER

FACULTÉ DE DROIT

MM. VIGIÉ, Doyen, Professeur de Droit civil, chargé du cours d'Enregistrement.

BRÉMOND, Assesseur, Professeur de Droit administratif.

GIDE, Professeur d'Économie politique, en congé.

LAURENS, Professeur de Droit civil, en congé.

GLAIZE, Professeur de Procédure civile, chargé des cours des Voies d'exécution et de Législation financière.

LABORDE, Professeur de Droit criminel, chargé du cours de Législation et Économie industrielle.

CHARMONT, Professeur de Droit civil, chargé des cours de Législation notariale et de Droit civil approfondi.

CHAUSSE, Professeur de Droit romain.

MEYNIAL, Professeur d'Histoire du Droit.

BARDE, Professeur de Droit constitutionnel, chargé du Cours de Droit civil dans ses rapports avec le notariat.

VALERY, Professeur de Droit commercial, chargé du cours de Droit international privé.

DECLAREUIL, Professeur de Droit romain, chargé des cours de Pandectes et d'Histoire du Droit public Français.

PERREAU, Agrégé, chargé d'un cours de Droit civil.

MOYE, Agrégé, chargé des cours de Droit international.

LÉVY-ULLMANN, Agrégé, chargé d'un cours de Droit civil.

RIST, Agrégé, chargé d'un cours d'Économie politique et du cours d'Histoire des doctrines économiques.

GARIEL, Chargé d'un cours d'Économie politique. (en congé).

BIGALLET, Chargé d'un cours d'Économie politique.

GRANGE, Secrétaire.

GIRAUD, Secrétaire honoraire.

MEMBRES DU JURY :

MM. VALÉRY, *Président.*
CHAUSSE.
MOYE.

La Faculté n'entend donner aucune approbation ni improbation aux opinions émises dans les thèses; ces opinions doivent être considérées comme propres à leurs auteurs.

A LA MÉMOIRE DE MES PARENTS

A MON BEAU-FRÈRE Félix PIGOURIER

INSPECTEUR DE L'ENREGISTREMENT

A MES SŒURS

L. CROS.

CONDITION ET TRAITEMENT

DES

PRISONNIERS DE GUERRE

NOTIONS GÉNÉRALES

La guerre moderne ne ressemble en rien à la guerre ancienne. Ce n'est plus une lutte entre deux partis qui cherchent à s'exterminer et à se réduire réciproquement en esclavage, mais simplement un différend entre deux Etats, dont l'un cherche à imposer à l'autre sa volonté.

Le vainqueur n'a qu'un but, celui de forcer son adversaire à reconnaître un droit méconnu, ou à l'obliger d'accepter telle ou telle condition qui lui sera avantageuse.

Pour arriver à ce résultat, il ne suffit pas seulement de tuer ou de blesser les soldats du parti adverse, il y a encore un moyen plus efficace, car il

supprime, plus facilement à la fois, un nombre
d'hommes plus considérable, c'est de faire des prisonniers de guerre.

De nos jours, le sort de ces derniers n'est plus
abandonné au bon plaisir du vainqueur.

Au-dessus de la loi du plus fort, planent maintenant les principes sacrés du droit des gens qui ont
suivi pas à pas les progrès de la civilisation.

Tous les peuples modernes ont voulu avoir des
lois qui établissent sur des bases solides la condition
autrefois si précaire de ces malheureux.

Chez nous, le règlement de 1893 a remanié et fixé
définitivement les principes établis par les précédents
règlements, de l'an XI et de 1859.

De même, tous les peuples européens ont suivi ce
courant civilisateur ; aussi peut-on dire aujourd'hui
que le sort des prisonniers de guerre est solidement
fixé.

Toutes les nations, du reste, ne s'efforcent-elles
pas tous les jours de l'améliorer de plus en plus ?

Pour s'en convaincre, il n'y a qu'à voir les efforts
soutenus et les travaux essentiellement humanitaires
de l'Institut de droit international. Il n'y a aussi qu'à
jeter les yeux sur l'année qui vient de s'écouler, pour
voir tous les peuples de la terre, réunis sur l'invitation du tzar de Russie, dans un but de pacification
universelle et de fraternité.

Dans tous ces congrès, on s'est efforcé de régle-
menter et d'améliorer la condition des prisonniers de

guerre, et il faut reconnaître avec joie et fierté qu'on y est arrivé, du moins en ce qui concerne les points essentiels.

Nous allons commencer par étudier quelles sont les personnes qui ont été ou non reconnues susceptibles d'être amenées en captivité.

Une fois détenues prisonnières, on est naturellement amené à se demander quel sera le traitement qui leur est réservé, pendant la durée de leur internement. C'est ce qui fera l'objet d'un second chapitre.

Or, cette captivité étant essentiellement temporaire de nos jours, il ne reste donc plus qu'à passer en revue les différentes causes de délivrance.

Ce sera le troisième chapitre de cette étude, complétée par un rapide aperçu sur les Sociétés de secours pour les prisonniers de guerre, et par le projet de convention internationale concernant ces derniers.

CHAPITRE PREMIER

Comment devient-on Prisonnier de Guerre

_____

Le droit de faire des prisonniers de guerre est un droit de belligérant. Il s'explique, se justifie et se limite par l'objet même de la guerre.

Un Etat n'aura donc le droit de traîner en captivité les personnes du parti opposé qu'après l'ouverture des hostilités, c'est-à-dire après la déclaration de guerre. Par contre, et comme on le verra plus tard, ce droit de faire des prisonniers expire au jour de la signature du traité de paix. Il est aussi à noter que les Etats belligérants ne peuvent faire des prisonniers de guerre, que sur leurs territoires respectifs. En conséquence, aucun Etat n'a le droit de déclarer prisonniers des individus arrêtés sur un territoire neutre.

Ceci étant posé, et la période pendant laquelle on peut faire des prisonniers de guerre étant limitée, il faut se demander alors quelles sont les personnes qui, oui ou non, peuvent être considérées comme tels.

D'où deux sections dans ce chapitre :

Première section.— Qui peut être fait prisonnier de guerre ?

Deuxième section.— De ceux qu'on ne peut déclarer prisonniers de guerre.

Première section. — Qui peut être fait Prisonnier de Guerre?

§ 1. — EXAMEN GÉNÉRAL DE LA QUESTION

Quelles personnes peuvent être faites prisonniers de guerre ? L'usage moderne ne permet plus d'emmener en captivité la population d'un territoire entier ; cependant, la liste des personnes qui, au cours d'une guerre, peuvent être privées de liberté, est encore fort longue.

Le droit des gens ne reconnaît pas la qualité de belligérant à tous ceux qui prennent part aux opérations de la guerre. Cette distinction entre les belligérants et les non-belligérants est très utile à établir, car, seuls, les premiers sont susceptibles d'être faits prisonniers. Les seconds, au contraire, tombent sous le coup de la loi pénale pour avoir combattu, sans se conformer aux exigences du droit des gens.

L'ennemi devra donc diviser ses adversaires en deux catégories : « Ceux auxquels il doit accorder la qualité de prisonniers de guerre, et ceux qu'on ne doit considérer que comme des délinquants, passibles, par suite, des tribunaux ordinaires ou extraordinaires. C'est alors pour ces derniers que nous verrons apparaître et appliquer la « Loi martiale » avec toutes ses conséquences redoutables et parfois trop rigoureuses.

Dans la règle stricte, tous les ennemis peuvent être faits prisonniers de guerre, même, mais exceptionnellement, les habitants du pays, si la sûreté de l'armée ou de l'Etat belligérant l'exige.

En effet, comme les personnes qui prennent une part active à la guerre augmentent seules les forces de l'ennemi, il est naturel qu'on ne puisse faire prisonniers que les soldats de l'armée ennemie, les combattants surtout, et qu'on ne s'empare pas des personnes étrangères aux opérations militaires. Nous trouvons ici la distinction entre l'armée et les habitants paisibles du pays.

Cependant, on a le droit d'arrêter les personnes qui, sans appartenir à l'armée, et ne remplissant que des fonctions pacifiques, sont dangereuses pour les troupes d'occupation ; par exemple, les journalistes dont les opinions sont manifestement hostiles. Les chefs de parti pourront aussi être faits prisonniers, parce qu'ils augmentent la somme des forces dont l'ennemi dispose, et préparent des difficultés ou des embarras aux autorités militaires.

En un mot, on pourra faire prisonniers de guerre tous ceux qui pourront être considérés comme soldats ou combattants, c'est-à-dire ceux qui prennent une part active aux opérations militaires, qui constituent ou augmentent les forces de l'ennemi, concourent à l'attaque, à la défense et provoquent ou encouragent à la résistance.

Ce sont, par exemple, les hommes qui font partie de l'armée régulière de l'Etat, ou armée nationale (armée de terre et armée de mer), composée de soldats levés par l'autorité publique et répartis dans l'armée active, les réserves, l'armée territoriale, les milices, la landwehr, la garde mobile ; les gardes nationaux eux-mêmes sont aussi considérés comme belligérants, puisqu'ils existent en vertu d'une loi et sont équipés et organisés militairement.

On admet même qu'il est permis de retenir prisonniers les équipages des navires marchands naviguant sous pavillon ennemi.

En effet, du moment que le navire a arboré les couleurs du parti ennemi, il tombe sous le coup des lois de la guerre maritime, lui, sa cargaison et son équipage. Si on applique, en droit international, la maxime de Napoléon Ier : « Là où est le drapeau, là est la France », on pourra dire aussi : « Tout ce qui porte le pavillon d'une nation appartient à cette nation et doit être traité en ennemi, si on est en guerre avec elle».

Des faits qui viennent corroborer ce qui vient d'être avancé se sont, du reste, produits dans ce sens pendant la guerre de Sécession (1860-1865). On peut voir, en effet, que, pendant la durée de cette campagne, il est arrivé aux Etats du Nord de s'emparer de navi-

res marchands voyageant sous pavillon des Etats du
Sud, et par ce fait seul déclarer tous leurs équipages
prisonniers de guerre.

D'après le règlement des prises prussien de 1866,
article 18, les hommes formant l'équipage du navire
capturé sont prisonniers de guerre s'ils sont sujets de
l'ennemi. S'ils sont sujets d'un Etat neutre, ils doivent être rapatriés dans leur pays par les soins de
leurs consuls ou des autorités locales. Cependant, en
1870, M. de Bismarck protesta contre l'internement
des capitaines de navires allemands capturés par la
flotte française (notes allemandes du 4 octobre et du
14 novembre 1870 ; note française du 28 octobre).
Napoléon avait, d'ailleurs, soutenu déjà cette thèse
dans le décret du 18 novembre 1804. Mais jusqu'ici elle
n'a pas triomphé dans la pratique du droit des gens.

En 1870, les Allemands ont émis la prétention que
tout soldat, pour être considéré comme belligérant,
devait être porteur d'un ordre d'appel individuel.
C'était là une exigence vraiment trop grande et à
laquelle, d'ailleurs, il serait impossible de satisfaire,
puisqu'en France, en cas de mobilisation, on n'appelle
pas chaque soldat sous les drapeaux par une lettre
individuelle.

La différence de race n'autorise pas le vainqueur à
refuser au vaincu la qualité de prisonnier de guerre.

Pendant la guerre de Sécession (1860-1865), les
Etats du Nord rédigèrent la proclamation suivante,
qui fut communiquée à leurs troupes :

« Article 57 : Nul belligérant n'a le droit de déclarer que ses ennemis d'une certaine classe, couleur ou
condition, ne seront pas traités en ennemis publics.

C'est-à-dire que les Nègres eux-mêmes doivent être
traités en prisonniers de guerre.

« Article 58 : Il est défendu de réduire les Nègres en
esclavage sous peine de mort. »

Progrès immense et bien en harmonie avec cette
guerre qui avait pour motif une cause juste et admirable, puisque les États du Nord n'avaient qu'un but :
« Forcer les États du Sud à affranchir tous leurs esclaves, par la raison simple et humanitaire, que tous les
hommes, quelle que soit leur couleur, doivent être
égaux entre eux. »

Le droit International, dit toujours l'article 58,
« n'admet pas de distinction de couleur, et, si un
ennemi des États-Unis réduisait en esclavage et ven-
dait un soldat de leur armée pris par lui, les États-
Unis pourraient faire les plus vives représailles s'il
n'était pas fait droit à leur réclamation contre ces
actes.

» Comme les États-Unis ne peuvent réduire en servitude personne, même à titre de représailles, ils
punissent de mort ce crime contre le droit des gens. »

Donc tout belligérant, sans distinction de couleur,
doit être fait prisonnier de guerre et ne peut être
vendu comme esclave.

En cas de guerre coloniale, il est évident qu'on
aura souvent à venger des nationaux qu'auront tor-

turés les peuplades sauvages, celles du centre de
l'Afrique par exemple, qui obéissent encore à leurs
instincts féroces et qui ont conservé leurs coutumes
barbares et sanguinaires. Mais on devra toujours agir
avec modération et n'avoir recours à des exécutions
capitales que le moins possible et seulement pour
essayer, par ces exemples sommaires, de prévenir le
retour de nouvelles cruautés de la part d'ennemis
ne connaissant pas encore les lois de la civilisation.

Mais, à côté des armées régulières, on trouve parfois
des corps de troupes appelés Corps Francs ou Francs-
Tireurs. Nous devons nous en occuper avec quelques
détails.

§ II. — DES CORPS FRANCS

Les Corps Francs ou Francs-Tireurs sont à l'armée
de terre ce que les corsaires sont à la marine militaire.

On a longtemps refusé le titre de belligérants aux
soldats qui combattaient dans les rangs des corps
francs.

Aujourd'hui, la question est tranchée. Les membres des corps francs ayant une attache gouvernemen-
tale, une organisation militaire, revêtus ou porteurs
de costumes ou d'insignes distinctifs fixes, permanents
et visibles, faisant la guerre en soldats et portant
ouvertement les armes en se conformant aux lois et

usages de la guerre doivent avoir tous les droits qui
appartiennent aux belligérants reconnus.

C'est, en effet, ce qu'a déclaré la conférence de
Bruxelles, dans la séance du 14 août 1874, dans son
article 9 :

« Les lois, les devoirs et les droits de la guerre ne
s'appliquent pas seulement à l'armée, mais encore
aux milices et aux corps de volontaires réunissant les
conditions suivantes :

» 1° D'avoir à leur tête une personne responsable
pour ses subordonnés.

» 2° D'avoir un certain signe fixe et reconnaissa-
ble à distance.

» 3° De porter les armes ouvertement.

» 4° De se conformer dans leurs opérations aux
lois et coutumes de la guerre ».

Les bandes armées ne répondant pas à ces conditions n'ont pas qualité de belligérants, on ne peut les
considérer que comme des ennemis réguliers et, en cas
de capture, les poursuivre judiciairement.

Mais jusqu'à la convention de Bruxelles de 1874,
on était très indécis au sujet des corps francs ; aussi
les a-t-on souvent traités comme des pillards et des
bandits, dénomination qui malheureusement était
quelquefois justifiée.

Cependant, peut-on dire que les corps francs se
sont ordinairement battus d'une manière régulière et
loyale, et que ce n'est que par vengeance et à titre de

représailles qu'ils se sont écartés des lois ordinaires et reconnues de la guerre ?

Il suffisait, croyait-on en 1870, que le Franc-Tireur portât les armes ouvertement et possédât un signe distinctif quelconque ; par les tristes exemples que nous donne cette guerre, on voit combien cette croyance a entraîné de cruels et malheureux mécomptes.

Un avis fut affiché le 19 Octobre 1870 sur les murs de Saint-Quentin pour mettre en garde les citoyens qui voulaient prendre les armes contre l'envahisseur :

« Conformément aux instructions du ministre de la guerre, la commission municipale croit de son devoir de prévenir tous les citoyens armés et sans uniforme, que les Prussiens ne considèrent comme troupes soumises aux lois de la guerre que celles qui portent un uniforme militaire et qu'ils fusillent impitoyablement les citoyens civils pris les armes à la main. On a pensé à tort que le képi suffisait pour donner aux combattants toute sécurité, s'ils étaient faits prisonniers ; mais les douloureuses expériences ont démontré que les Prussiens n'admettaient pas ce principe [1].

» Le Général Senden, dans une proclamation aux habitants des Ardennes (10 Décembre 1870), rappelle

---

[1] Abel Deroux. — *Invasion de 1870-1871*, dans l'arrondissement de Saint-Quentin. Page 55.

un arrêté du Commandant en chef de la 2ᵉ armée, en date du 31 Octobre :

» Tout homme d'un corps-franc, quelque condition qu'il remplisse, sera fusillé.

» Le commandant en chef de la 2ᵉ armée Allemande fait connaître derechef par le présent arrêté que tout individu qui ne fait pas partie de l'armée régulière Française ou de la garde-mobile, portât-il le nom de Franc-Tireur ou autre, du moment où il sera saisi en flagrant délit d'hostilités contre nos troupes, sera considéré comme traitre et pendu ou fusillé sans autre forme de procès [1] ».

Les Etats-Unis considèrent comme belligérant tout homme armé par son souverain et ayant prêté serment de fidélité [2].

De même que, depuis la Convention de Bruxelles, on doit assimiler les corps Francs, se soumettant à l'observation des règles qu'elle a imposées, aux autres armées régulières ; de même aussi doit-on assimiler les navires armés en corsaires à l'armée de mer ordinaire et ne point les traiter, ainsi que voulait le faire l'Angleterre, comme des bateaux pirates dirigés par des bandits et des pillards.

---

[1] *Revue du Droit International.* 1871. Tome IV, page 1163.

[2] Article 57. Instruction de 1863 pour les armées des Etats-Unis en campagne.

§ III. — Des Guides.

Les guides peuvent incontestablement être faits prisonniers de guerre lorsqu'ils tombent aux mains de l'ennemi. Mais cette proposition ne s'applique pas à tous les guides.

Ainsi, une armée ennemie ayant envahi un territoire a besoin d'un guide, elle se saisit d'un habitant du pays et le contraint par la menace ou par la force à lui montrer les chemins. Ce citoyen cède à la nécessité, à la force majeure. Mais, pendant qu'il remplit malgré lui, l'office de guide, il tombe entre les mains des soldats de son pays. Quel va être son sort ?

Il n'est pas question d'en faire un prisonnier de guerre, puisque c'est un national. Il ne peut être puni comme traître, puisque son consentement n'a pas été libre ; placé entre son devoir de citoyen et la vie, il a cédé à l'instinct puissant de la conservation. Il est malheureux, mais non infâme. L'infamie est pour ceux qui l'ont contraint à servir de guide aux ennemis de son pays.

Supposons, au contraire, que cette armée ennemie reçoive l'offre spontanée d'un citoyen du territoire envahi, qui se présente pour servir de guide aux envahisseurs de son pays. Cet individu tombe aux mains des troupes de sa nation. Le feront-elles prisonnier de guerre ? Non. C'est un national et un national trois fois traître à sa patrie ; en conséquence il devra être puni comme tel.

Supposons enfin que la même armée prenne pour guide un étranger, c'est-à-dire un individu, un citoyen du pays, mais habitant le territoire envahi et que cet individu, faisant volontairement office de guide, tombe au pouvoir des troupes qui défendent ce territoire. Que feront-elles de lui? Un prisonnier de guerre? Pourquoi? Parce qu'étant étranger, il ne peut être puni comme traître et parce que volontairement il a prêté son concours à l'ennemi.

Si on change les situations, on arrivera forcément aux mêmes solutions et en sens inverse.

Les Instructions pour les armées des Etats-Unis en campagne ont résolu la question relative au droit de prendre des guides en pays ennemi :

« *Art. 93.* — Toute armée en campagne a besoin de guide, et elle les prend d'autorité, si elle ne peut se les procurer autrement.

» *Art. 94.* — Nul ne peut être puni s'il n'a servi de guide à l'ennemi qu'à la suite de violence et de contrainte ».

Bluntschli dit encore, dans son article 633 de son essai de codification du droit international :

« Celui qui est contraint par les troupes ennemies à leur montrer le chemin n'est pas punissable par les lois de la guerre [1] ».

---

[1] Bluntschli. — *Droit international codifié.* Traduction française de Lardy. 1881. Article 636, page 369.

Mais Bluntschili dit ensuite : « Les guides qui trompent intentionnellement les troupes qu'ils sont chargés de conduire peuvent être condamnés à mort ».

Dundley-Field, de son côté, dit également : « les guides et pilotes qui égarent de propos délibéré ceux qu'ils conduisent peuvent être punis de mort »[1].

Cependant, à l'encontre de ces opinions émises par Bluntschili et Dudley-Field, il semble que la conscience et les principes sacrés du droit des gens, qui ont tant adouci les rigueurs de la guerre, doivent donner raison à M. Pradier-Fodéré, d'après lequel, au contraire, on ne peut ni ne doit punir de mort le guide qui a égaré des troupes, à moins que ce guide n'ait engagé expressément sa foi sous le sceau du serment.

Malheureusement, l'usage est encore trop souvent pratiqué de fusiller les guides qui ont induit les armées en erreur. Il n'y a pour s'en convaincre qu'à ouvrir et à feuilleter la douloureuse histoire de notre guerre de 1870-1871. On y voit combien les Prussiens ont usé et abusé de ce qu'ils appelaient un droit reconnu par la Loi martiale. Du reste, nos ennemis ne s'en sont pas même tenus là, car ils ont souvent abusé de la responsabilité collective.

---

[1] Dundley-Field. — *Projet de code International*. Traduction française d'Albéric Rollin. 1881 Article 770, page 579.

§ IV. — Des Messagers

Les messagers chargés de commissions verbales ou porteurs de dépêches, que l'ennemi fait circuler entre les divers détachements de ses corps d'armées ; ceux qu'il charge de pénétrer dans une ville investie pour lui annoncer des renforts ou que les assiégés envoient au dehors pour demander des secours, sont faits prisonniers de guerre lorsqu'ils sont capturés en remplissant leur mission.

Cependant, dans la théorie comme dans la pratique, on subordonne leurs droits à être traités et considérés comme prisonniers de guerre, aux conditions suivantes :

1°) S'ils sont militaires et revêtus de leur uniforme ;

2°) S'ils ne le sont pas, qu'ils circulent ouvertement comme messagers, qu'ils ne se glissent pas à travers les lignes et qu'ils ne fassent rien pour tromper l'ennemi.

Dans le cas contraire, nous trouvons deux solutions :

a) La plus favorable déclare que les circonstances qui ont amené leur capture détermineront les mesures à prendre à leur égard.

b) La seconde, moins rassurante et qui laisse planer une inquiétante incertitude sur le sort de ces messagers, consiste à dire qu'ils courent le risque d'être traduits devant un conseil de guerre et qu'ils peuvent

alors, suivant les circonstances, être punis conformément aux lois de guerre..

Une troisième solution, mais très peu justifiée,
assimile à l'espion le messager qui a employé la ruse
et le déguisement, caché sa marche et trompé l'ennemi.

L'Institut de droit international, dans son manuel
des lois de la guerre sur terre, dans l'article 24 :
range, parmi les individus qui peuvent être faits
prisonniers de guerre, les messagers porteurs de
dépêches officielles accomplissant ouvertement leur
mission.

Mais cette hypothèse, prévue par l'Institut de droit
international, par la conférence de Bruxelles de 1874
et par les instructions américaines, est-elle réalisable ?

Se figure-t-on un messager de cette catégorie
revêtu de ses armes et de son uniforme ?

Imposer cette condition pour que les messagers
soient admis à être traités comme prisonniers de
guerre, c'est les exclure positivement de ce traitement dans la grande majorité des cas.

Dira-t-on, avec Bluntschili et avec Calvo, que, bien
qu'on ne doive pas les considérer comme espions, ils
peuvent, suivant les circonstances, être punis pour
infractions aux lois de la guerre ? Non.

Soldat revêtu ou non de son uniforme national,
simple citoyen déguisé ou non cherchant à traverser
les lignes ennemies, le messager qui se charge de
porter une dépêche, une lettre ou tout autre commu-

nication, concourt par cela même aux opérations militaires, commet un acte hostile, agit en ennemi, et, s'il est capturé dans l'exécution de sa mission, il a droit comme tel à être traité en prisonnier de guerre.

§ V. — DES SOUVERAINS ET CHEFS D'ÉTAT.

Les souverains et les personnes revêtues d'un caractère diplomatique peuvent être faits prisonniers de guerre, s'ils dépendent de la puissance ennemie ou de ses alliés, ou s'ils ont personnellement pris part aux opérations militaires.

« La capture du Souverain ennemi ou des ministres des affaires étrangères est souvent un moyen heureux d'obtenir promptement une paix favorable. Il n'existe pas de motif de remettre ces personnes en liberté; comme ce sont elles qui ont amené, ou tout au moins déterminé la guerre, il est juste qu'on les en rende responsables et qu'elles en partagent les dangers. Les chefs politiques seront également plus exposés aux dangers d'être faits prisonniers de guerre, que les employés administratifs inférieurs, les juges, les conseillers municipaux ou les instituteurs [1] ».

La guerre étant dirigée contre les forces de l'État ennemi et conséquemment contre ses organes essentiels, les monarques et princes de leur famille qui

---

[1] Bluntschli. — Page 353. *Droit International codifié*. Traduit de l'allemand par M. Lardy.

prennent personnellement part aux opérations de la
guerre, tombant aux mains de l'ennemi, sur le théâtre
même de la lutte, sont faits prisonniers de guerre. Le
même sort peut être réservé aux monarques et princes de leur famille qui se trouvent sur le territoire
ennemi sans sauf-conduit, alors même qu'ils ne prennent point part aux hostilités[1].

Les chefs d'États républicains peuvent aussi être
faits prisonniers de guerre, s'ils sont capturés à la tête
ou au milieu des armées de leur pays. Mais, pour ces
derniers, cette condition est nécessaire, car, tandis
que la capture d'un président de République ou d'un
personnage politique sera toujours sans influence sur
l'issue de la guerre, la captivité d'un monarque, dans
les pays soumis au gouvernement monarchique absolu,
peut être au contraire un moyen d'assurer la conclusion de la paix.

Les prisonniers de guerre de cette sorte sont ordinairement traités avec les honneurs dus à leur rang,
à leur dignité souveraine et à leurs hautes fonctions.

Klüber s'exprime ainsi à ce sujet : « S'ils sont faits
prisonniers de guerre, ils sont ou relâchés à l'instant
ou traités comme prisonniers de guerre avec des
égards particuliers[2] ».

Le comte de Garden constate que : « Les souverains

---

[1] Bluntschili. — *Idem*. Article 396, page 353.

[2] Klüber. — *Droit des gens modernes de l'Europe*. 1874. § 245,
page 350.

à la tête de leurs armées ont l'un pour l'autre des procédés qui caractérisent les mœurs et les coutumes de la chevalerie... Lorsqu'un monarque tombe au pouvoir de son adversaire, il est à la vérité retenu par son vainqueur, mais celui-ci lui assigne un séjour convenable, en prenant simplement quelques précautions pour prévenir sa fuite »[1].

Les exemples de rois faits prisonniers de guerre ne sont points fréquents. Sans remonter au delà du XVI° siècle, on peut citer cependant François I°, qui, vaincu à la bataille de Pavie (1525) et ne voulant pas se rendre au traître Bourbon, remit son épée au vice-roi de Naples, en lui disant : « J'espère être traité en Roi ». Mais le roi captif ne trouva pas Charles-Quint aussi magnanime qu'il l'aurait cru.

On trouve encore, en 1813, après la bataille de Leipzick, le roi de Saxe, Auguste III, traité par les puissances en prisonnier de guerre, pour le punir de sa longue fidélité à la France.

Mais quel plus admirable exemple offre l'histoire, que celui de Napoléon I°, expiant sur le rocher de Sainte-Hélène sa gloire et sa confiance dans la loyauté anglaise.

M. G. F. de Martens, dans son précis du droit des gens modernes de l'Europe, exprime la pensée qu'il ne peut être douteux : « qu'après avoir rompu en 1815

---

[1] De Garden. — *Traité complet de Diplomatie.* 1833. Livre IV, page 281.

sa promesse, de s'être remis à la tête des ennemis
légitimes du Roi de France, surpris les armes à la
main, Napoléon ait pu légitimement être déclaré
prisonnier de guerre et confiné pour toujours à Sainte-
Hélène [1] ».

M. Thiers a exprimé la même idée en la complétant:
« Quoi qu'il en soit, on ne saurait approuver les résolutions britanniques, qui étaient surtout dictées par
la crainte de l'Empereur, et, comme conclusion à ce
fait, on n'a qu'à dire un mot, c'est que l'Angleterre
compromit sa gloire sans abaisser celle de Napoléon,
qui fut son ennemi.

On peut aussi mentionner la captivité d'Abd-el-
Kader et celle d'Isman Schamyl se rendant enfin devant
les forces de l'armée Russe, en 1859.

On ne saurait non plus passer sous silence la prise
de Béhanzin, roi du Dahomey, se rendant après une
résistance acharnée entre les mains des autorités
françaises. Mais surtout on est obligé de se souvenir
du dernier empereur des Français, se constituant
prisonnier de guerre le 1ᵉʳ septembre 1870, au pouvoir du roi de Prusse. En effet, après une série de
défaites, Napoléon III, à cette date, remettait son
épée entre les mains de ce dernier, et peu après, il
apprenait qu'en qualité de prisonnier de guerre, on

---

[1] G. F. de Martens. — *Précis de droit des gens moderne de l'Europe.*
1864. Chapitre IV, page 246.

lui avait désigné le château de Wilhelmhöhe comme
résidence forcée.

De ces faits se dégage la règle que : « Le monarque
ou les membres de la famille régnante ennemie, ou
les Présidents de République, pris sur le théâtre de
la guerre, sont faits de droit prisonniers de guerre ».

II⁶ Section — De ceux qu'on ne peut déclarer Prisonniers de Guerre

Les aumôniers, médecins, pharmaciens, chirurgiens et leurs aides, tant qu'ils ne prennent pas une
part active au combat, à moins qu'ils ne demandent
à partager la captivité des troupes auxquelles ils sont
attachés, ou que ces dernières ne l'exigent, ne sauraient être déclarés prisonniers de guerre. Mais la
mission essentiellement pacifique qu'ils remplissent,
exige qu'on use envers leurs personnes des plus
grands ménagements et des plus grands égards [1].

Ceux-ci, d'ailleurs, sont protégés par un brassard
blanc, portant au milieu une croix rouge. Or, ce
signe distinctif a été déclaré inviolable par l'article 7
de la Convention de Genève du 22 août 1864.

Quant aux soldats détachés provisoirement des
rangs pour servir de brancardiers, ils ne seraient pas
couverts par l'immunité, d'après les règles françaises.

---

[1] Bluntschli. — Page 354.

qui ne les abritent point par le port du brassard aux
couleurs ci-dessus énoncées[1].

Les instructions américaines ont consacré ainsi
l'immunité dont il s'agit :

« Les chapelains, les officiers du service médical,
» les pharmaciens, les infirmiers et domestiques des
» hôpitaux, qui sont tombés entre les mains des
» armées américaines, ne sont pas considérés comme
» prisonniers de guerre ».

C'est ainsi que la Convention de Genève du
22 août 1864, qui n'avait pas encore reçu, pour ses
actes additionnels du 20 octobre 1868, la sanction
définitive des divers gouvernements signataires de la
Convention de 1864, a cependant servi de *modus vivendi*
pendant la guerre franco-allemande de 1870-1871.

Dans son Manuel des droits de la guerre sur terre,
l'Institut de droit international a exactement repro-
duit les mêmes dispositions de la Convention de
Genève du 22 août 1864, et des articles additionnels
du 20 octobre 1868.

Mais il a ajouté, à la liste des personnes auxquelles
le bénéfice de l'inviolabilité doit être conféré, les
membres et les agents des Sociétés de secours dûment
autorisées à seconder le personnel sanitaire officiel[2].

---

[1] Au lieu de porter le brassard blanc avec croix rouge au milieu,
les *brancardiers militaires* portent au bras gauche un brassard noir
sur lequel est apposée une grenade rouge.

[2] *Manuel de Droit International* à l'usage des officiers de l'armée de
terre. Chapitre IV, page 50.

Les articles III, IV et VII du règlement français du 22 mars 1893, sur les prisonniers de guerre, sont ainsi conçus :

Art. III. — Le personnel du service de santé accompagnant les troupes sur le champ de bataille est considéré comme neutre (inviolable) tant qu'il fonctionne et tant qu'il reste des blessés à secourir.

Art IV. — Le personnel ainsi neutralisé et inviolable doit être porteur d'un brassard à croix rouge sur fond blanc délivré par l'autorité militaire, ainsi que d'un titre permettant de constater l'identité de chaque individu.

Art. VII. — Le personnel du service de santé régulièrement attaché aux évacuations, aux ambulances, aux hôpitaux et autres établissements sanitaires n'accompagnant pas les troupes sur les champs de bataille est également neutralisé.

Conformément à la pratique moderne, les citoyens ou sujets de l'État ennemi, qui se trouvent, à l'ouverture des hostilités, sur le territoire de l'une des puissances belligérantes, ou qui y pénètrent pendant la guerre ne peuvent être faits prisonniers de guerre.

On pourra leur ordonner de quitter ce territoire, mais on ne les retiendra qu'au cas où une incarcération momentanée aurait pour objet d'assurer leur sécurité en les mettant à l'abri des rancunes nationales ou des vengeances excitées par la guerre, ou lorsqu'il y aura lieu de craindre qu'ils ne portent à leur gouvernement des nouvelles, des renseignements utiles.

De même et dans un autre sens, il est bien évident qu'on ne fera jamais prisonniers de guerre, mais qu'on punira avec toutes les rigueurs des lois militaires, les brigands et autres malfaiteurs qui, se faisant passer pour une troupe régulière, parcourent une contrée désolée par la guerre, en y commettant des meurtres, des exactions et des attentats de toute sorte.

On devra de même appliquer très sévèrement les lois militaires les plus rigoureuses envers les incendiaires, ceux qui brisent les chemins de fer, ainsi que les maraudeurs qui se glissent derrière les troupes pour chercher à faire du butin, dépouillant les cadavres et assassinant les blessés pour les voler.

Mais, à côté de cette catégorie de personnes officiellement reconnues comme ne pouvant être déclarées prisonniers de guerre, il y a une catégorie de gens qui suivent également les armées et sur lesquels pourtant on ne peut se prononcer d'une manière définitive, bien qu'ils ne prennent pas une part directe aux combats et aux actions principales de la guerre, ce sont :

§ I. — LES VIVANDIERS, CANTINIERS, MARCHANDS
ET FOURNISSEURS.

M. G. de Martens enseigne qu'ils ne sont pas reçus, ni traités comme prisonniers de guerre et qu'il est d'usage de les renvoyer à l'ennemi[1].

---

[1] G. de Martens. — *Précis du droit des gens moderne de l'Europe.* Chapitre IV, pages 243-244.

Il cite le décret français de la Convention Nationale du 25 mai 1793, dont l'article 5 est ainsi conçu : « Ne seront pas réputés prisonniers de guerre tous les individus attachés au service des armées et qui ne sont pas du nombre des combattants ».

Ainsi la restitution en sera faite aussitôt qu'ils seront réclamés et suffisamment reconnus : bien entendu que cette disposition sera réciproque entre les deux armées belligérantes [1].

Klüber dit également que les individus qui appartiennent à l'armée, mais qui, selon les fonctions qu'ils remplissent, sont de la classe des non combattants. (Vivandiers, cantiniers etc., etc...) ne sont point faits prisonniers de guerre à moins qu'ils ne s'y soumettent eux-mêmes [2].

M. Heffter, au contraire, estime que : « Les individus non combattants qui forment la suite et le train d'une armée, tels que vivandiers etc... n'échappent pas à la conséquence de pouvoir être faits prisonniers de guerre [3] ».

Parlant des vivandiers et des fournisseurs, le Manuel Français International à l'usage des officiers de l'armée de Terre dit que : « Les usages de la guerre

---

[1] De Clercq. — *Recueil des traités de France.* Tome I, pages 222 et 225.

[2] Klüber. — *Droit des gens moderne de l'Europe,* 1874, page 353.

[3] Heffter. — *Le Droit International de l'Europe.* Traduction française de Bergeon. Livre II, page 243.

autorisent à s'emparer de leurs personnes, mais en leur attribuant dans ce cas le droit accordé aux prisonniers de guerre. Le bénéfice de ce traitement leur est dû, alors même qu'au moment de la capture, ils ne sont pas revêtus de l'uniforme ou des insignes de leurs fonctions. il suffit qu'ils justifient de leur qualité [1].

En résumé, quelle solution faut-il donner à la question de savoir si les Vivandiers, etc., etc... doivent être considérés comme prisonniers de guerre ?

Il est difficile de se prononcer.

Il est certain d'une part qu'ils ne font point partie de l'armée, qu'ils ne prennent point part aux opérations militaires, ni comme combattants, ni comme agents de services administratifs, mais d'autre part leur concours est utile aux combattants proprement dits, ils ont à la suite de l'armée un rôle qui peut contribuer dans une certaine mesure à la prolongation de la lutte en alimentant les soldats.

De plus, par leur habitude de vivre avec les troupes, ils sont initiés à tous les détails de la vie militaire et peuvent servir d'agents utiles d'information.

A ce titre, ils sont des adversaires dont l'ennemi a intérêt à supprimer l'action. Dès lors, de même que par cette raison on peut soutenir qu'ils devront être faits prisonniers de guerre lorsqu'ils seront capturés par l'ennemi, de même aussi l'on peut dire, pour le

---

[1] *Manuel de Droit International* à l'usage des officiers de l'armée de terre. Titre II, chapitre III, pages 37-38.

premier motif, ci-dessus énoncé, qu'ils devront être renvoyés immédiatement lorsqu'ils sont réclamés et suffisamment reconnus, si tel est l'usage entre les deux armées belligérantes.

§ II. — Des Journalistes et Attachés militaires étrangers

Quant aux journalistes qui suivent les opérations militaires, on peut affirmer catégoriquement, au contraire, qu'ils ne sauraient être déclarés prisonniers de guerre. Exception doit être faite toutefois pour ceux qui, dans un pays envahi, excitent ouvertement à la résistance, dont les opinions sont manifestement hostiles et qui sont dangereux pour les troupes d'occupation.

Ces derniers, en effet, s'ils sont capturés, peuvent être déclarés prisonniers de guerre, car, bien que ne combattant pas les armes à la main, ils contribuent indirectement à la guerre en entretenant par leurs articles la résistance et peuvent influer ainsi sur le sort de la lutte.

Cependant, à l'inverse de cette opinion soutenue sourtout par M. Pradier-Fodéré [1], l'Institut du droit International donne une solution moins sévère : « Il n'accorde pas le droit de faire les journalistes pri-

---

[1] Pradier-Fodéré. — Traité de Droit International public Européen et Américain, pages 166-167.

sonniers de guerre, il permet seulement de les retenir aussi longtemps que les nécessités militaires l'exigent.

Le journaliste n'est pas un combattant, il ne suit les opérations que pour renseigner ceux qui sont loin du théâtre de la guerre. Il convient d'ailleurs de remarquer que, parmi les journalistes, il y en a toujours qui appartiennent à des États Neutres. Or ceux-ci ne peuvent être arrêtés qu'en cas d'hostilités.

Cette doctrine, plus généreuse et suffisamment protectrice, avec les adoucissements qu'elle comporte, nous paraît susceptible d'être préférée.

Le général ennemi pourra toujours garder les journalistes capturés, qui auront surpris un mouvement de troupes, mais seulement jusqu'à ce que ce mouvement ne soit plus ignoré de l'ennemi. Les reporters sont souvent très curieux. Il ne faut pas que leur avidité de savoir et leur passion de renseigner leur fasse dévoiler les plans qu'ils auraient pu découvrir, ni donner des indications sur les forces et les dispositions des armées.

S'ils se rendaient coupables de délits (tentative de corruption pour avoir des renseignements, espionnage sous le couvert de reportage), ils seraient traduits devant les tribunaux militaires. Ils ne pourraient plus exciper de leur qualité de journalistes. Aux yeux de l'ennemi, ils ne seraient plus dans ce cas que des délinquants.

En ce qui concerne les attachés militaires, ils sont protégés et déclarés inviolables, s'ils sont accrédités

par leur pays auprès des armées belligérantes, pour
suivre les opérations militaires.

Mais il est évident qu'on ne saurait comprendre
dans cette catégorie les attachés militaires et officiers
étrangers qui combattraient dans les rangs ennemis
et aideraient ces derniers de leurs conseils. Ce ne sont
plus alors des étrangers qui viennent assister aux
combats en spectateurs, mais bien de véritables
ennemis.

En effet, viendrait-il jamais à l'idée que le colonel
de Villebois-Mareuil, qui vient de trouver une mort
glorieuse, en combattant dans les rangs des soldats
Transvaaliens, ait pu un seul instant ne pas être fait
prisonnier de guerre sous prétexte qu'il était Français?
Évidemment non.

Pour que les attachés militaires et officiers étrangers puissent invoquer la neutralité et l'inviolabilité,
il est indispensable qu'ils soient accrédités par leur
pays et puissent prouver ainsi qu'ils n'assistent à la
guerre qu'en simples spectateurs.

§ III. — DES PRISONNIERS DE GUERRE CIVILS

L'instruction américaine de 1863 permet de faire
prisonniers de guerre les principaux fonctionnaires du
gouvernement ennemi, ses agents diplomatiques et
toutes les personnes qui sont d'une utilité particulière
à l'armée ou à son gouvernement.

Des civils peuvent donc être déclarés prisonniers de

guerre et assimilés aux militaires, mais souvent, comme on va le voir, le plus grand arbitraire règne dans leur arrestation.

On admet parfois qu'en cas de guerre, un gouvernement belligérant peut empêcher les sujets de son adversaire qui sont sur son territoire, de retourner dans leur pays prendre du service militaire. Cette doctrine est juste, en ce qui concerne les individus astreints au service militaire.

Par l'effet de la déclaration de guerre, ils deviennent aussitôt des ennemis, et à ce titre on a le droit de les arrêter. Mais il n'en saurait être de même pour ceux qui par leur âge, leur sexe ou leurs infirmités ne sont pas sous la coupe de la loi militaire ; ceux-là doivent être laissés libres, car rien ne justifierait leur arrestation. Toutefois, il est permis de les surveiller d'une manière spéciale, pour éviter l'espionnage.

A d'autres époques, les sujets de l'État ennemi ont été arrêtés à titre de représailles, et détenus comme prisonniers de guerre. Après la paix d'Amiens, les Anglais continuent à courir sus à nos bateaux marchands. En 1803, les relations se tendent de plus en plus avec l'Angleterre, et au mois de juin, Napoléon décrète que tout Anglais trouvé en France au moment de la rupture sera considéré comme prisonnier de guerre. Sur les instances de Cambacérès, cette mesure ne fut appliquée cependant qu'aux Anglais servant dans les milices et ayant une commission quelconque de leur gouvernement. Ils furent prisonniers sur parole dans différentes places de guerre [1].

En novembre 1806, l'Angleterre défend tout commerce sur les côtes de France. Napoléon répond par le décret de Berlin du 21 novembre 1806... : « Tout commerce est défendu avec l'Angleterre, tout Anglais saisi en France ou dans un pays soumis à ses armes sera déclaré prisonnier de guerre » [2].

En octobre 1870, le colonel Von Kahlden adressait au maire de Saint-Quentin une lettre ordonnant à la commission municipale et à cinq autres notables de se rendre dans un endroit désigné. Là, il leur déclara qu'ils étaient prisonniers de guerre, tout en les laissant à la tête de la municipalité.

Abel Deroux, rédacteur en chef du *Glaneur* de Saint-Quentin, fut arrêté en décembre 1870, pour avoir excité à la guerre contre l'Allemagne. Il fut interné à Magdebourg jusqu'à la signature de la paix.

Dans les campagnes des prêtres, des instituteurs furent arrêtés sous les prétextes les plus futiles, et envoyés en Allemagne comme prisonniers de guerre [3].

---

[1] Thiers. — *Const. et Empire.* — Tome IV, livre XVII, page 349.

[2] Thiers. — *Const. et Empire.* Tome VII, livre XXVI, page 221.

[3] Abel Deroux. — Invasion de 1870-1871 dans l'arrondissement de Saint-Quentin. Pages 38-39.

CHAPITRE II

Condition et Traitement des Prisonniers de Guerre

—

Après avoir vu, dans le précédent chapitre, quels sont ceux qui peuvent, ou non, être faits prisonniers de guerre, nous allons étudier maintenant quelle est la condition de ces derniers et quel est le traitement qui leur est réservé.

Ce second chapitre sera divisé en *trois sections :*

Première section. — Condition des prisonniers de guerre dans l'antiquité.

2e section. — Condition des prisonniers de guerre dans l'ancien droit français.

3e section. — Condition des prisonniers de guerre de nos jours.

Première Section. — Condition des Prisonniers de Guerre dans l'Antiquité.

L'histoire de la captivité dans les temps anciens se trouve résumée dans ces deux mots : *Væ Victis.* A Rome, comme chez les autres peuples, on n'épargnait pas les vaincus.

Ce qu'il faut remarquer, au début, c'est que, selon les lois de la guerre antique, on ne faisait aucune différence entre les combattants et les non-combattants, les femmes, les enfants, les hommes valides et ceux qui ne l'étaient pas.

Tous subissaient le même sort par l'effet de la défaite, tous servaient à la satisfaction des instincts brutaux et cruels du vainqueur; ils étaient considérés comme en dehors des lois de l'humanité.

La vengeance s'assouvissait dans le sang, puis, lorsque le glaive avait fait son œuvre, la luxure et la cupidité se ruaient sur les infortunés qui avaient échappé au carnage. Tous les prisonniers de guerre, toutes les personnes composant la population du pays conquis, étaient compris dans le butin.

La raison en est que les guerres antiques étaient des luttes de peuple contre peuple, et non d'État contre État.

Ces lois, on le voit, étaient inexorables et cruelles. Après la victoire, pas de prisonniers de guerre dignes de respect et de soins comme de nos jours; il ne reste que des êtres, mis pour ainsi dire en dehors du droit des gens, et qui ne sont plus qu'un ramassis d'individus destinés à la mort et au carnage.

La prise de Tarquinies est suivie d'un massacre général. Trois cent cinquante guerriers, choisis parmi les plus nobles, sont momentanément épargnés et envoyés à Rome, où les attendent les supplices et la mort. En l'an 283, les légions exterminent les Gaulois

Senons, et, chose qui serait monstrueuse de nos jours, les Romains se vantèrent alors de n'avoir laissé vivant aucun de ceux qui pouvaient descendre des vainqueurs de l'Allia.

Du reste, suivant un usage encore suivi par plusieurs peuples de l'Afrique, en Abyssinie notamment, surtout en Égypte, souvent on coupait aux prisonniers de guerre la main droite, ou les oreilles ou le nez. L'amoncellement de ces débris sanglants témoignait de l'importance de la victoire.

Telles étaient aussi les pratiques suivies par les Israélites et certains peuples de l'Orient.

Si nous remontons dans l'histoire, c'est Sésostris que nous trouvons faisant traîner son char par les rois prisonniers, offrant en hécatombe à ses divinités les autres captifs et, le bûcher éteint, faisant jeter leurs cendres au vent. Le respect dû aux morts n'existait même pas pour un prisonnier de guerre, pour un combattant malheureux que le sort des armes n'avait pas favorisé.

Ce sont aussi les Assyriens, les Mèdes, les Perses, livrant leurs ennemis aux pires supplices.

Les Grecs eux-mêmes, qui se prétendaient au-dessus des autres nations à cause de leur intelligence et de leur sagesse, ne sont pas plus humains. Les exemples de leur cruauté envers les ennemis vaincus et désarmés abondent dans Hérodote, Xénophon et Plutarque.

« Le premier de ces historiens raconte l'acte féroce

de Cléomène, qui, ayant entouré dans le bois sacré
d'Argos un grand nombre d'Argiens, vaincus par lui,
leur envoie un héraut, chargé de leur annoncer qu'il
est porteur de leur rançon. Confiants dans la parole
du messager, cinquante Argiens sortent du bois et
sont égorgés. Cléomène ordonne ensuite de mettre le
feu au quatre coins du bois sacré et de massacrer
sans pitié ceux qui essaieraient de s'échapper [1]. »

Quoi qu'en ait dit le proconsul Quinctius, affir-
mant que les Romains se sont fait de tout temps une
loi d'épargner les vaincus, à Rome, comme chez
tous les peuples de l'antiquité, c'était la mort qui
était réservée aux ennemis désarmés. Scipion, par
exemple, bat Asdrubal en Espagne, le met en déroute,
se lance à la poursuite des fuyards, et dès ce moment,
dit *Tite-Live :* « Ce ne fut plus un combat, mais une
boucherie ».

Tous les historiens ont maintes fois rappelé le
souvenir des exhibitions lugubres des prisonniers
exposés dans Rome par les triomphateurs aux regards
et aux insultes du peuple. On sait que les Romains
livraient aux derniers supplices les rois et les chefs
prisonniers après les avoir traînés, chargés de fers, à
la suite du char de triomphe du vainqueur. Ces lamen-
tables hécatombes de vaincus désarmés s'expliquaient
par la détestable maxime, accréditée par les anciens,

---

[1] Hérodote. — Histoire. Livre VI. Traduction française de Giguet,
page 356.

qui semblait reconnaître aux conquérants le droit
de tuer.

Montesquieu s'exprime à ce sujet : « Ce qui les fait
penser ainsi, c'est qu'ils ont cru que le conquérant
avait le droit de détruire la société. D'où ils ont conclu
qu'ils avaient celui de détruire les hommes qui la
composent, ce qui est une conséquence faussement
tirée d'un faux principe. Car, de ce que la société serait
anéantie, il ne s'ensuivrait pas que les hommes qui
la forment dussent aussi être anéantis. La société est
l'union des hommes et non pas les hommes ; le citoyen
peut périr et l'homme rester. Du droit de tuer dans
la conquête, les politiques ont tiré le droit de réduire
en servitude, mais la conséquence est aussi mal fondée
que le principe [1] ».

Comme tous les peuples de l'antiquité, les Romains
ont donc massacré leurs prisonniers de guerre ; comme
eux, ils les ont égorgés après le combat, ils les ont
fait mourir à la suite du triomphe des généraux vainqueurs, et, s'ils ont ménagé les populations inoffen-
sives des pays subjugués par eux, s'ils ont limité la
captivité aux seuls combattants, s'ils ont remplacé
plus tard le massacre par l'esclavage, cette modération ne leur a été imposée que par l'intérêt de leur
politique et de leurs besoins.

Du reste, à l'époque où elles se produisaient, ces
exécutions étaient logiques : il fallait mettre fin à la

---

[1] Montesquieu. — Esprit des Lois. Livre X, chapitre III.

guerre le plus radicalement possible, éviter toujours le grand embarras des captifs et terrifier l'ennemi, c'est pourquoi la base de la politique habile des Romains réside dans la terreur.

Sylla égorge huit mille prisonniers Samnites et Lucaniens. César ordonne de sang-froid la mort des Nerviens et fait lâchement étrangler Vercingétorix, le héros d'Alésia, qui est venu loyalement se mettre entre les mains de son vainqueur, mais il se loue aussi en revanche, comme d'une chose extraordinaire, de sa clémence pour avoir épargné les femmes, les enfants et les vieillards.

Germanicus préside au carnage de Crémone et s'écrie : « L'extermination seule terminera la guerre [1]. »

Sénèque, lui-même, fait dire à Pyrrhus dans une tragédie : « Il n'y a pas de loi qui ordonne d'épargner un prisonnier ou qui défende son supplice ».

Cependant l'égorgement en masse n'était toujours pas avantageux. De même que Rome, consommant dix fois plus qu'elle ne produit, est obligée de faire la guerre pour contraindre les pays vaincus à lui envoyer du blé et des céréales, de même aussi, Rome s'aperçoit qu'elle a plus d'intérêt à réduire en esclavage les prisonniers de guerre. Avec eux, elle peut se constituer ainsi une certaine richesse, tandis qu'elle avait tout à perdre en procédant par des égorgements et des exécutions en masse.

---

[1] Tacite. — *Annales II*, page 21.

Rome comprit ainsi bientôt que la vie des prisonniers de guerre pouvait être utile, et la guerre fut de bonne heure la principale source de l'esclavage.

Cette source et cette origine de l'esclavage se retrouvent dans le nom dont on désignait les esclaves « Mancipia » parce qu'on les avait pris avec la main « Manu capti », « servi » parce qu'on les avait conservés. Le général vainqueur peut tuer les prisonniers ou, s'il le préfère, les laisser vivre comme esclaves. C'était la règle admise par le droit des gens. S'il est permis d'ôter la vie au captif, à plus forte raison peut-on simplement lui prendre la liberté.

M. Ortolan, dans son explication des *Institutes* (Livre II, page 39), a démontré la fausseté de ce raisonnement. Le droit de légitime défense permet de tuer l'ennemi qui combat, mais, quand il est vaincu et désarmé, à la merci du vainqueur, ce droit cesse d'exister.

Les prisonniers de guerre étaient, en outre, réservés pour certaines solennités. Ainsi, les livres Sibyllins ordonnaient, dans les circonstances graves, au cas de tumulte par exemple, d'enterrer vivants deux ou trois prisonniers Grecs ou Gaulois. Cela se produisit notamment en 229 et en 216, après la bataille de Cannes. Les captifs servaient également à rehausser l'éclat des triomphes. Marcellus, descendu de son char, fait trancher la tête à tous ses prisonniers gaulois. Paul Émile, après la bataille de Pydna, traîne

à sa suite le roi Persée et dix mille prisonniers destinés au massacre.

Mêmes atrocités, du reste, dans le camp ennemi. Les
Germains se vengèrent cruellement sur les légions de
Varus.

Le Code de Manou, dans l'Inde, oblige déjà aux
ménagements envers les prisonniers, mais les autres
législateurs ne s'inspiraient guère des mêmes principes. Pour eux, il fallait tout d'abord rendre le prisonnier inoffensif et empêcher ensuite son évasion.

Le moyen employé pour arriver à ce but était parfois
barbare; c'est ainsi que César fait trancher le poignet
droit aux guerriers d'Uxellodunum et Sylla crever
les yeux à des centaines d'esclaves. Si le prisonnier
essayait de fuir, on le marquait au visage avec un
fer rouge de l'empreinte d'une chouette.

Les atrocités et les massacres dont on trouve le
récit dans les pages de l'Histoire Romaine continuè-
rent longtemps encore ; aussi il n'y a pas à s'étonner
si nous voyons se reproduire dans le bas Empire et
même au début du moyen âge les mœurs féroces des
combattants pour les prisonniers de guerre.

Si l'histoire du Paganisme est pleine de massacres
et de pages sanglantes qui révoltent les consciences
des hommes de nos jours, soumis aux principes sacrés
du droit des gens, il faut cependant reconnaître que
les temps qui ont suivi le règne de Constantin sont
encore remplis d'effroyables tueries, malgré l'appa-
rition déjà répandue du christianisme, qui, avec son

emblème : « In hoc signo vinces » jeté aux quatre
coins du monde, avait rallié à sa croyance ce dernier
empereur.

Dans ces terribles époques d'invasions, de conquê-
tes et de luttes prolongées de nations et de races, dans
ces temps où nous voyons entraînés par le plus
furieux déchaînement des passions brutales tous les
peuples acharnés sur les débris de l'Empire Romain,
on ne trouve qu'un seul fait, qu'une seule idée : la
sauvagerie, le pillage et l'égorgement des vaincus.
Ceux-ci n'étaient bons qu'à être jetés en pâture aux
corbeaux, aux bêtes féroces ; ou, pis encore, qu'à
accompagner les chefs triomphateurs sous les insultes et les coups du peuple vainqueur.

Il serait trop long d'énumérer ici tous les événements sanglants de cette époque, où les Huns, se
jetant sur l'Europe et ébranlant tous les peuples barbares, les précipitent sur l'Empire Romain, où Attila
le fléau de Dieu ne laisse pas pierre sur pierre partout
où il a passé, où les Vandales s'emparent de Rome et
la livrent au pillage.

En un mot, pendant cette période de temps, on ne
ne se préoccupe pas de savoir ce qu'est une guerre
juste et comment on traitera les prisonniers. La
guerre, si on peut appeler de ce nom des invasions
innombrables par des peuples barbares, n'a pour but
et pour conséquences que le pillage, le vol, l'incendie,
le viol, le vandalisme, le massacre et l'égorgement.

Cependant, avant d'abandonner l'histoire de ces

époques reculées, où la barbarie seule a régné en
maîtresse souveraine sur les champs de bataille et
pendant les guerres, il est juste de reconnaître qu'il
s'est trouvé quelques hommes, exception bien rare
il est vrai, qui, malgré les mœurs sauvages de ces
temps troublés, ont fait preuve de sentiments humains
et magnanimes.

En effet, dans l'antiquité même, on voit des généraux ne pas user des droits de la guerre envers les
prisonniers, ou traiter ceux-ci avec douceur.

Cicéron rapporte avec de grands éloges que le roi
Pyrrhus répondit à ceux qui venaient racheter les
prisonniers : « Je ne demande pas d'or et je ne veux
pas de votre rançon. Je ne fais pas la guerre en mar-
chand, mais en soldat... Je respecte toujours la liberté
de ceux dont le fer ennemi a respecté les jours....
Emmenez-les, je vous les donne avec l'agrément des
dieux Immortels » [1].

Xénophon loue une semblable action de Cyrus, et
Philippe et Alexandre de Macédoine firent preuve de
la même générosité.

Aristote, Caton, Sénèque, recommandent la modération envers les prisonniers de guerre réduits en
captivité... On trouve le même langage dans les récits
de Tertullien, de saint Jérôme et de saint Augustin,
et ce n'est point nous écarter de notre sujet que de

---

[1] Cicéron. — *Traité des devoirs*, Livre I, chapitre XII.

rappeler les paroles de saint Paul dans son épître aux Colossiens :

« Maîtres, rendez à vos esclaves ce que le droit et l'équité veulent, sachant que vous avez aussi dans le ciel un maître qui ne fait point de distinction entre les hommes [1]. »

Mais ces quelques exemples rares, malheureusement, ne suffisent pas à faire oublier qu'à cette époque la seule règle envers les prisonniers de guerre était toujours la cruauté et l'inhumanité absolue. Dans l'historique des captifs que nous allons voir dans la deuxième section, on constatera même qu'il faut arriver encore à une époque bien plus récente pour voir commencer à poindre les principes de respect et de douceur dictés par le strict droit des gens envers les ennemis malheureux qui sont pris les armes à la main et, par ce fait, déclarés prisonniers de guerre.

IIe Section. — Condition des Prisonniers de Guerre dans l'ancien Droit Français

On a souvent dit que le christianisme arriva pour adoucir les mœurs et abolir l'esclavage, il est vrai que, dans un but modérateur, il a essayé de rendre plus légère la chaîne qui tenait l'esclave courbé sous la main du maître.

Cependant, malgré la diffusion de ces croyances qui

---

[1] Saint Paul. — Chapitre IV, verset I.

tendaient à développer partout les sentiments d'humanité et de fraternité, il faut reconnaître qu'au moyen âge on faisait la guerre avec autant de cruauté, si ce n'est plus, que sous l'Empire Romain. Et cela non seulement pendant les siècles où toute civilisation était pour ainsi dire éteinte, mais encore à une période où les mœurs commençaient à s'adoucir.

Les guerres féodales ressemblent à des duels, et elles sont sanglantes comme des combats singuliers. Lorsque le vainqueur faisait grâce de la vie, sa miséricorde tournait souvent en outrage. Une ancienne coutume qui existait en Normandie marque bien la hauteur insultante du vainqueur et l'abaissement du vaincu : «Telle était l'ordonnance, dit la Chronique de Normandie, qu'un homme déconfit se rendait en chemise, pieds nus et une selle à son col, afin que son vainqueur le chevauchât, s'il lui plaisait » [1].

Le bon plaisir des guerriers féodaux n'était toujours pas la merci : l'absence d'un frein social, l'individualisme, l'isolement, la barbarie produisirent des traits de cruauté, qui rappellent les traditions de l'antiquité.

Les chansons de Gestes égalent parfois l'Iliade, pour la sauvagerie des sentiments. Dans le roman de Garin de Loherain, un des héros se jette sur le cadavre d'un guerrier qu'il a vaincu en champ clos, il l'entr'ouvre, prend le cœur dans sa main et en frappe le

---

[1] Laurent. — *Histoire du droit des gens*. Tome VII, page 219.

visage d'un ennemi en lui adressant ces paroles dignes
d'Achille :

> « Tenez vassal, le cuer votre cuisin
> Or le povez et saler et rôtir [1] »

Robert de Belesme est un type de ces caractères
farouches. C'était un jeu pour lui de faire arracher les
yeux, de faire couper les mains et les pieds de ses
prisonniers, il inventait toujours de nouveaux supplices pour les tourmenter.

« La fureur des combattants ne tenait pas seulement à leur barbarie ; la nature même des guerres
féodales les rendait cruelles. Dans les grandes guerres, les armées ne sont animées que par le courage
et le patriotisme. Les guerres de la féodalité au contraire se faisaient entre voisins ; or dans les relations
de voisinage comme dans celles de parenté, l'indifférence est impossible, les sentiments sont extrèmes,
c'est ou l'aversion ou l'amitié.

» Tous les mauvais instincts qui agitent le cœur de
l'homme étaient éveillés par les guerres féodales :
c'est à cela, autant qu'à la barbarie des mœurs, qu'il
faut attribuer la cruauté qui y régnait [2] ».

Charlemagne, qui passait pour un caractère modéré,
fit périr 4,500 prisonniers saxons, parce qu'on ne pou-

---

[1] Garin de Loherain. — Tome II, page 38. (Se trouve dans Laurent, page 219, tome VII).

[2] Laurent. — *Histoire du droit des gens.* Tome VII, pages 218-219.

vait lui livrer leur chef, Witikind, qui s'était réfugié en Danemark.

Les guerres entre les Chrétiens et les Sarrazins avaient, du reste, un caractère de férocité dont on peut se rendre compte en lisant les historiens de cette époque.

L'historien de saint Louis, le sire de Joinville, raconte comment, le roi ayant été fait prisonnier avec sa suite, on massacra les trois quarts des Français captifs, et comment le roi lui-même ne dut son salut qu'à l'énergie qu'il déploya devant Saladin.

Pour expliquer la rigueur des Infidèles, il faut noter que tous ceux de ces derniers qui étaient faits prisonniers par les Chrétiens, étaient mis en esclavage.

C'est à cette époque que, sous l'influence des idées chrétiennes, qui condamnaient ce sort réservé aux captifs, on vit apparaître et se développer la coutume de la rançon pour les prisonniers de guerre. Du reste, si c'est grâce aux doctrines de l'Église que l'on commença à avoir scrupule de réduire en esclavage les captifs chrétiens, il convient de reconnaître que cette évolution, qui changea ainsi le sort des prisonniers, n'avait rien que de très naturel, car cette coutume se présentait aux hommes sous un aspect souriant en leur permettant d'assouvir une des passions humaines les plus répandues, l'avarice, la soif de l'or et des richesses; c'est particulièrement au moyen âge que s'est étendu l'usage de se racheter de la captivité et de l'esclavage par une rançon. Il n'est pas rare de lire dans les auteurs que la pratique de racheter sa liberté, moyennant une somme d'argent, dont l'estimation dépendait du vainqueur, s'est introduite comme un moyen de transition entre l'esclavage et l'échange. Ces auteurs rappellent que les prisonniers de guerre ont d'abord servi à la satisfaction des instincts sauvages et cruels du vainqueur, qu'ils ont ensuite été épargnés pour être réduits en esclavage, et que la dernière idée qui a surgi a été de tirer profit de la victoire en accordant la liberté aux prisonniers, en échange d'une indemnité pécuniaire.

Wheaton dit que : « L'usage des rançons avait succédé pendant le moyen âge à l'usage plus ancien de tuer ou de réduire en esclavage les prisonniers [1].

Mais cet adoucissement porté au sort des prisonniers de guerre ne s'est pas produit d'une manière si distincte. Leur condition dut nécessairement s'améliorer sous l'influence des idées chrétiennes et de l'esprit de chevalerie, mais le progrès fut très lent à s'affirmer.

Pendant longtemps et spécialement au XVIe siècle, lorsqu'une place, après avoir résisté longuement, venait à succomber, les assiégeants avaient coutume de passer les assiégés au fil de l'épée, pour les punir de leur résistance acharnée [2].

La réduction des prisonniers de guerre en servi-

---

[1] Wheaton. — *Histoire des progrès du droit des gens* en Europe et Amérique. Page 213.

[2] Grotius. — *Droit de la Guerre*. Tome III, page 18.

tude disparut peu à peu, il est vrai, pendant le moyen-
âge, conformément aux prescriptions de l'Eglise, qui
interdit l'esclavage des captifs dans les rapports des
nations chrétiennes. Mais jusque dans la moitié du
XVIIe siècle, les prisonniers de guerre chrétiens étaient
souvent encore retenus en captivité comme des galé-
riens, après la fin de la guerre. En effet, on trouve,
dans les traités de 1604 et 1630, entre l'Angleterre
et l'Espagne, une clause aux termes de laquelle les
prisonniers de guerre, de part et d'autre, devaient
être relâchés, quoiqu'ils eussent été condamnés aux
galères [1].

Sir Travers-Twiss, s'appuyant sur l'article 101 du
traité des Pyrénées, conclu en 1659, entre la France
et l'Espagne, tire de cet article la conclusion que :
« A cette époque, l'usage de condamner les prisonniers de guerre aux galères n'était pas complètement
abandonné; cependant, il était évidemment tombé
en désuétude à la fin du XVIIe siècle, car nous voyons
que, lorsque le comte de Solmes, qui servait sous Guil-
laume d'Orange en Islande, en 1690, menaça de
déporter les prisonniers comme esclaves en Amérique, le duc de Berwick menaça d'user de représailles, en envoyant ses prisonniers aux galères en
France [2] ».

---

[1] Wheaton. — *Histoire du progrès du droit des gens* en Europe et
Amérique. Page 215.

[2] Travers-Twiss. — *Le Droit des gens* (droit et devoirs des nations en
temps de guerre), page 344.

Le même auteur rappelle que Bynkershoek, en
commentant la conduite des Hollandais qui, en 1602,
avaient mis en liberté certains prisonniers de guerre,
pour lesquels leurs amis ne voulaient pas payer de
rançon, déclare qu'il eût été contraire aux mœurs de
cette époque de mettre à mort les prisonniers ou de
les vendre comme esclaves [1].

Bynkershoek ajoutait toutefois que les Hollandais
avaient coutume de vendre comme esclaves, aux Espagnols, tous les prisonniers de guerre appartenant à
Alger, à Tunis ou à Tripoli et que les Etats généraux
avaient ordonné, en 1661, à leur amiral, de vendre
comme esclaves tous les pirates qu'ils pourraient
prendre sur mer.

D'une proclamation de Charles 1ᵉʳ du 23 juin 1628,
deux faits peuvent se déduire, d'abord que l'usage de
faire l'échange des prisonniers pendant la guerre
prenait faveur, et ensuite que le capteur réel à cette
époque n'était pas complètement dépouillé de l'intérêt
privé qui le liait à ses prisonniers, puisqu'on voit que
tous les prisonniers étaient envoyés dans le Royaume
par des individus privés, pour être détenus en prison
aux frais des capteurs jusqu'à leur délivrance par voie
d'échange ou autrement. A une époque postérieure
du même siècle, nous trouvons, en effet, en 1666,
mention faite, par D'Estrades, de l'envoi de Hollande
en Angleterre d'une personne chargée d'une mission

---

[1] Bynkershoek. — *Ouv. Jur. public.* Livre I, chapitre III.

publique, afin de négocier un échange de prisonniers
entre l'Angleterre et la Hollande, qui étaient alors en
guerre [1].

Il ne paraît pas improbable que c'est aux Hollandais que l'humanité est redevable de l'initiative de
l'usage moderne d'échange de prisonniers pendant la
durée de la guerre.

C'est à peu près de 1646 qu'on peut dater l'intro-
duction en Europe des cartels pour la mise en liberté
des prisonniers moyennant un taux fixe de rançon,
pendant que la guerre dure encore.

De nos jours, du reste, il n'est pas hors d'usage que
deux états, en guerre l'un contre l'autre, signent un
arrangement qu'on nomme Cartel, soit pour échanger
les prisonniers, soit pour les racheter moyennant des
rançons à des taux fixes.

C'est un cartel de ce genre qui fut conclu le 26 mars
1673, entre le duc de Luxembourg pour Louis XIV et
le comte Horn pour les Etats-Généraux, et d'après
lequel une échelle proportionnelle de prix, payables
en argent, était établie pour la rançon des officiers et
des soldats selon leurs grades respectifs, pour le cas
où il ne se trouverait pas d'officiers ou de soldats de
grade égal, pouvant être mis en liberté en échange [2].

Des cartels analogues furent acceptés par les Hollandais et les Français en 1675, par l'Empereur Léo-

---

[1] *Lettres de M. le comte d'Estrades.* Tome III, page 475.
[2] Dumont. — *Corps diplomatique.* Tome VII, page 230.

pold et Louis XIV en 1692, et par les Français et les
armées Impériales en Italie en 1701.

Assez fréquemment dans les cartels modernes, on
stipule non seulement la rançon de prisonniers de
grade égal, mais aussi la rançon de prisonniers moyennant la livraison de personnes estimées d'une importance semblable, comme, par exemple, dans le cartel
conclu en 1780 entre la France et la Grande-Bretagne
et aux termes duquel un maréchal de camp devait être
racheté moyennant 60 livres sterling ou contre la
livraison de 60 simples soldats, dont chacun avait la
liberté de se racheter pour 1 livre sterling.

« Pendant la guerre des Puissances alliées contre la
Russie, de 1850 à 1856, de fréquents échanges de
prisonniers eurent lieu, et il fut arrêté par une convention spéciale entre la France et l'Angleterre que,
chaque fois que les deux gouvernements alliés consen-
tiraient à un échange de prisonniers avec l'ennemi, il
ne serait fait aucune distinction avec leurs sujets respectifs tombés entre les mains de l'ennemi, mais que
leur libération s'effectuerait suivant la priorité de leur
capture respective, si ce n'est dans des circonstances
spéciales réservées à la considération mutuelle des
deux gouvernements[1] ».

On a même jugé nécessaire de stipuler, dans le traité
de Paris de 1856 (30 mars), que les prisonniers de
part et d'autre seraient relâchés sur-le-champ[2].

---

[1] Martens. — *Convention du 10 mai 1854*. Page 595.
[2] *Idem, ibid*, Page 774.

Un autre traité très intéressant au point de vue de la question qui nous occupe est celui qui fut signé à la Haye le *10 septembre 1785* entre *la Prusse et les Etats-Unis :*

L'article 24 de ce traité est ainsi conçu :

« Afin d'adoucir le sort des prisonniers de guerre et de ne point les exposer à être envoyés dans des climats éloignés et rigoureux, ou réservés dans des habitations étroites et malsaines, les deux parties contractantes s'engagent solennellement l'une envers l'autre et à la face de l'univers, qu'elles n'adopteront aucun de ces usages.....

» La Puissance au pouvoir de laquelle se trouvent les prisonniers fera pourvoir journellement les officiers d'autant de rations, composées des mêmes articles et de la même qualité dont jouissent en nature ou en équivalent les officiers du même rang qui sont à son propre service. Elle fournira également à tous les autres prisonniers une ration pareille à celle qui est accordée au soldat de sa propre armée [1] ».

Mais avec ces dernières dates nous sommes déjà arrivés aux temps modernes.

Comme on le voit, le sort des prisonniers de guerre a subi une évolution lente, qui s'est améliorée de jour en jour ; d'abord sous l'influence des idées chrétiennes et des principes tout d'apaisement et d'humanité du

---

[1] Romberg. — *Traité de Paix entre la Prusse et les Etats-Unis* (10 septembre 1785), annexe I, page 125.

christianisme, puis enfin parce que la société a vu grandir en elle et se développer dans son sein les principes sacrés du droit des gens et le respect dû à l'ennemi vaincu et malheureux.

Toute cette histoire de la condition des prisonniers de guerre peut donc se résumer en plusieurs périodes distinctes qui voient s'améliorer sans cesse les conséquences de la captivité.

Dans la première, le prisonnier de guerre n'est qu'un être destiné à être massacré et à servir de jouet à ses vainqueurs, qui l'enverront au supplice.

Dans la seconde, l'esclave représentant une fortune pour son maître, on n'égorgera pas tous les prisonniers, et alors on voit Rome les envoyer presque tous pour grossir le troupeau des esclaves de l'Empire Romain.

Dans la troisième, chassé et aboli par le Christianisme, l'esclavage disparaît, mais non l'avarice et la soif de l'or, on considère alors le prisonnier comme une richesse essentiellement échangeable, d'où la théorie de la rançon qui apparaît pour permettre au prisonnier de racheter sa liberté pour quelques pièces d'or.

Mais jusqu'à cette époque le prisonnier est toujours la propriété de son vainqueur, c'est donc entre individus qu'on se fait prisonniers de guerre.

C'est alors que commencent à s'établir les nouveaux principes qui vont renverser toutes les vieilles théories de l'ancien droit, et d'après lesquels ce n'est plus un individu isolé qui fait la guerre à un autre et peut le faire prisonnier de guerre.

Non, les idées ont actuellement changé, on ne comprend plus la guerre que comme étant faite d'État à État; donc les prisonniers de guerre ne sont plus la propriété d'un particulier, ils appartiennent au gouvernement qui les a capturés.

IIIᵉ Section. — Condition des Prisonniers de Guerre de nos jours

§ I. — TRAITEMENT DES PRISONNIERS

Des dispositions relatives aux prisonniers de guerre ont été prises dans divers États, notamment l'Allemagne, l'Autriche, l'Espagne, l'Angleterre, l'Italie, la Russie et les États-Unis.

La France n'est pas restée en arrière de ce mouvement, aussi un *règlement daté du 21 mars 1893* est-il venu établir les conditions de traitement des prisonniers de guerre.

Ce règlement remplace celui du 6 mai 1859, lequel avait succédé à celui du 8 octobre 1806, qui avait été précédé par un premier règlement du 10 Thermidor au XI. C'est en France seulement que la situation spéciale des prisonniers de guerre a fait l'objet de règlements particuliers, et cela depuis près d'un siècle.

Le règlement du 21 mars 1893 se compose de 109 articles que nous aurons l'occasion de voir plus en détail dans le courant de cette section.

Il est aujourd'hui universellement enseigné et proclamé dans les pays de civilisation chrétienne que les prisonniers de guerre ne sont pas au pouvoir des individus ou des corps qui les ont capturés, mais de l'Etat ennemi au nom duquel on les a faits prisonniers, qu'ils sont à la disposition du gouvernement de cet Etat, que c'est à ce gouvernement seul qu'il appartient de régler les détails de la condition qui leur sera faite et de statuer définitivement sur leur sort.

Les prisonniers de guerre, n'étant plus la propriété de celui à qui ils ont rendu les armes, ne sauraient être envoyés en esclavage par le vainqueur, ils sont captifs par mesure de sûreté tant que dure la guerre et non par mesure de châtiment et de vengeance.

La situation des prisonniers de guerre n'a rien perdu de son importance dans la pratique moderne des hostilités. Actuellement, il est généralement admis que l'ennemi désarmé cesse d'être un ennemi du moment où il a cessé de pouvoir nuire, et tout ce qui reste permis au vainqueur à son égard est de le mettre hors d'état de nuire de nouveau en prenant une part quelconque aux hostilités. Qu'il s'agisse d'une troupe ou d'un individu, d'une reddition volontaire ou d'un désarmement forcé, il est toujours vrai que l'ennemi sans armes devient inviolable; le tuer serait un crime, le maltraiter une lâcheté. Il n'y a guère qu'une exception possible à cette règle, c'est en cas de représailles, et encore faut-il souhaiter que cette exception devienne très rare dans les guerres à venir.

Il se peut qu'un général se voie obligé de faire fusiller quelques prisonniers, en raison de la conduite incorrecte que tient son adversaire, qu'il manifeste par là sa ferme intention d'obliger son ennemi au respect des lois de la guerre; mais encore ne s'y résoudra-t-il qu'à la dernière extrémité, car il est toujours cruel de mettre à mort des hommes désarmés, pour venger des fautes dans lesquelles ils n'ont aucune part.

L'ennemi qui s'est rendu a droit à la vie sauve. Est-ce pour lui un droit absolu et qu'il puisse invoquer en toutes circonstances? Qu'un général soit autorisé à faire des prisonniers lorsqu'il peut sans grand inconvénient les garder ou les emmener, personne n'en doute; mais en est-il de même lorsque la présence des prisonniers parmi ses troupes doit être pour lui une charge gênante et qu'il lui est impossible de détacher une escorte suffisante pour les conduire au lieu de captivité? Ne peut-il pas, en pareil cas, refuser le quartier qui lui est demandé et détruire la troupe qu'il a réduite à l'impuissance?

Cette mesure extrême est approuvée par Heffter. Bluntschli et Neuman, et il semble que la pratique moderne ait fait un pas en arrière sur ce point, car nos anciens auteurs, Vattel par exemple. ne reconnaissaient ce droit qu'après hésitation et en l'accompagnant de certaines réserves [1].

---

[1] Heffter. — *Droit des gens moderne de l'Europe.* § 128, page 295.

Mais nous n'hésitons pas à repousser, avec Calvo, cette doctrine inhumaine, parce que nous ne pensons pas qu'il puisse exister à la guerre de nécessité qui la justifie. Lorsqu'une troupe se rend sur le champ de bataille, il existe de bons moyens pour l'empêcher de nuire. Lui faire jeter ses armes et ses munitions, la séparer immédiatement de ses chefs, l'obliger même s'il le faut à se dépouiller de ses habits et de ses chaussures sont tout autant de moyens de la rendre inoffensive, et on conviendra au moins qu'il ne faudra pas, pour la surveiller pendant le moment critique, plus de forces qu'il n'en faudrait pour la détruire [1].

Reste la possibilité de la garder et de l'emmener parce que cette charge serait incompatible avec la nature particulière des opérations suivies.

Cette impossibilité, qui est de nature à se produire moins fréquemment au fur et à mesure que se perfectionnent les moyens de communication, peut survenir cependant. Autorise-t-elle le massacre des prisonniers ? Non, car il y a toujours une question d'humanité, qui est plus grande et plus forte que l'intérêt en jeu. Il est impossible d'affirmer que le sort de la campagne est lié à la mort des prisonniers, il n'y a donc pas de nécessité véritable. Dans ce cas, le capteur devra relâcher les prisonniers qu'il ne pourra conserver sans leur faire de mal, et cela n'est pas plus étrange que l'obligation où se trouve souvent une

---

[1] Calvo. — *Droit International.* Tome IV, page 196.

armée d'abandonner une ville après l'avoir occupée. On trouverait barbare de détruire cette ville avant de l'abandonner : or, combien ne serait-il pas plus barbare encore d'exterminer froidement des ennemis sans défense ?

Il y a de plus une question de droit. L'avantage que trouve une armée à faire prisonnières des troupes ennemies est subordonné à la condition qu'elle soit assez forte pour les garder. S'il lui devient impossible de les retenir, elle montre qu'elle n'est pas assez puissante pour conserver un tel avantage. Elle doit se résoudre à y renoncer, sans recourir à un massacre, qui ne serait justifié, comme toute autre mesure de violence, que pour des actes de résistance, et ne manquerait pas en tout cas de susciter de cruelles représailles [1].

Puisqu'il est reconnu que le droit des gens interdit de mettre à mort les prisonniers de guerre, il faut

_____

[1] Les diverses codifications modernes n'ont pas sur ce point toute la netteté désirable. Les instructions pour les armées des États-Unis, qui n'autorisent (art. 15) que la destruction ou la mutilation des ennemis armés, permettent au chef (art. 60) de prescrire à ses soldats de ne point faire de quartier, si son propre salut lui rend impossible de s'encombrer de prisonniers. Le Congrès de Bruxelles s'est contenté de prescrire (art. 13) la déclaration qu'il ne sera point fait de quartier.

— Une proposition de M. le maréchal de Camp Severt, séance du 5 août 1874, entrant dans le vif de la question, a été écartée comme trop spéciale. Le Manuel de l'Institut a gardé le silence sur ce point. Cette réserve est regrettable, en raison de l'extrême importance de la matière.

donc fixer les conditions suivant lesquelles seront traités ces derniers pendant la captivité.

La captivité n'est ni une peine qu'on inflige aux prisonniers de guerre, ni un acte de vengeance, c'est seulement un séquestre temporaire qui doit être exempt de tout caractère pénal [1].

Les prisonniers de guerre sont au pouvoir du gouvernement ennemi, mais non des individus des corps qui les ont capturés. — Tout ce qui leur appartient personnellement, excepté les armes, les chevaux et les papiers militaires, reste leur propriété [2].

C'est ce que nous enseignent les dernières conventions internationales de la Conférence de Bruxelles (Article 23), qui indiquent ainsi qu'il suit la manière dont il faut considérer les prisonniers de guerre :

« Les prisonniers de guerre ne sont pas des criminels, mais des ennemis légaux et désarmés, ils sont au pouvoir du gouvernement, mais non des individus ou corps qui les ont capturés. Ils doivent être traités avec humanité [3] ».

La guerre n'a plus pour but de conquérir des esclaves. Une rançon n'est plus exigée pour reconquérir la

---

[1] Extrait du manuel public publié par l'Institut de Droit International. Bruxelles, 1880. — Romberg. Page 238.

[2] *Revue du Droit International Public*. 1899. Tome 12, chapitre II, article IV, page 556.

[3] *Revue de Droit International Public*. Tome 12 (1899). Conférence sur la Paix de la Haye, article 9, page 557.

liberté. Le prisonnier de guerre n'est plus détenu que temporairement. On doit tenir compte des égards qui sont dus aux prisonniers et à la nécessité de s'assurer de leurs personnes. La captivité des prisonniers a pour but de les empêcher de reprendre les armes, d'affaiblir l'ennemi ou de l'amener à des conditions de paix équitables.

Le traitement n'est pas le même pour les soldats et les officiers. Habituellement, ces derniers sont remis en liberté sur parole ; ils s'engagent à ne pas reprendre du service, et cette promesse leur permet de retourner dans leurs foyers ; quant aux soldats, cette faculté leur est encore refusée, mais cette différence tend à disparaître. Un pas est déjà fait dans cette voie pour les prisonniers blessés (Convention de Genève).

Nous n'insisterons pas sur cette mise en liberté sur parole, car cette question sera traitée plus loin, dans le chapitre suivant à propos des causes qui mettent fin à la captivité.

Chaque prisonnier de guerre est tenu de déclarer, s'il est interrogé à ce sujet, ses véritables noms et grades, et, dans le cas où il enfreindrait cette règle, il s'exposerait à une restriction des avantages accordés aux prisonniers de cette catégorie.

Ces indications sont très utiles pour savoir à quels traitements ils peuvent être soumis et à quelles conditions ils peuvent être échangés.

Les officiers, quand ils ne sont pas rendus à la

liberté sous condition, jouissent d'avantages particuliers dans le lieu de leur internement. Ils sont l'objet d'une surveillance moindre, et ils s'engagent à ne pas quitter sans permission la ville où ils ont été envoyés. Ils ne sont assujettis qu'à des appels. Ils peuvent aller et venir dans l'intérieur de la garnison, habiter en ville, s'occuper des études qu'ils aiment.

Le règlement français de 1859 déclarait, dans son article 17, qu'un officier sera chargé de surveiller les prisonniers de guerre sur parole.

L'article 18 exige une autorisation pour qu'il soit permis de s'absenter de la ville qui leur est assignée. La correspondance avec d'autres prisonniers ou avec des personnes habitant la France est permise sans contrôle.

Les correspondances avec l'étranger sont ouvertes et vérifiées au Ministère de la guerre.

Article 19. — Le ministre appréciera s'il y a lieu de soumettre à des appels les prisonniers sur parole.

Dans la guerre de Crimée, les rapports entre vainqueurs et vaincus furent excessivement courtois. Nos officiers prisonniers furent traités dans la ville Russe avec respect et bienveillance. A Sébastopol, sur les vaisseaux de la rade, les officiers de la garnison faisaient avec eux la conversation en français et leur servaient de partenaires au jeu. Les prisonniers russes, du reste, ne se plaignirent nullement de l'accueil qui leur fut fait en France. Ils recevaient une solde égale à celle des officiers français du même grade, outre les secours que leur faisait parvenir le gouvernement.

Le capitaine Dechtchinski, fait prisonnier aux
ouvrages blancs, nous a conservé une relation de sa
captivité :

« Dès leur arrivée au camp français, ils reçoivent la
visite d'officiers français, qui leur offrent leur lit et
les invitent à dîner. Au quartier de la garde, ils
reçoivent chacun 200 francs pour les emplettes les
plus nécessaires. Un courrier se charge de leurs lettres
pour Sébastopol. Un régiment de la Garde leur offre
avant leur départ un dîner d'adieux. Deux toats y
sont portés ; l'un à l'empereur Alexandre II, l'autre
aux vaillants défenseurs de Sébastopol. Ils furent très
bien reçus par les officiers du *Panama*, qui les con-
duisit à Toulon. Sur leur engagement d'honneur de
ne pas quitter la France sans permission, ils sont
libres de choisir leur résidence, Paris excepté. On
leur donne un mois de solde d'avance et des passe-
ports[1]. »

Mais combien fut différente la situation de nos
officiers prisonniers en Allemagne (1870-1871).

Dans quelques endroits on leur offre une chambre à
la caserne avec literie, feu et éclairage. Les officiers
sont séparés des soldats dans l'intérêt de la discipline.
Une solde dérisoire leur est donnée. Les officiers
supérieurs et les capitaines ont 90 fr. par mois,

---

[1] Alfred Rambaud. — *Moscou et Sébastopol*, Deuxième partie, chapitre 4, page 226.

les lieutenants et les sous-lieutenants la maigre
somme de 45 francs. Se suffire avec 45 francs sous ce
climat rigoureux, c'était la misère noire. Il fallait,
pour ne pas faire de dettes, se refuser jusqu'au café
et au tabac, piétiner dans la neige avec des chaussures usées, à demi-vêtu [1].

Et pourtant les Allemands ne pouvaient pas invoquer l'excuse des représailles. Les officiers allemands
prisonniers touchaient une solde beaucoup plus forte
que celle donnée par eux à nos officiers. Dans les
villes où ils étaient internés, ils n'étaient l'objet
d'aucune tracasserie.

Il arriva une fois, à Paris, que des officiers allemands prisonniers furent en butte à une manifesta-
tion malveillante. Une lettre du général Trochu au
général Schmitz, datée du 8 décembre 1870, exprime
sa douleur, en apprenant l'incident, car les officiers
prisonniers sont sous la sauvegarde de l'honneur
national. Comme réparation, il fut décidé qu'ils
seraient échangés le plus tôt possible [2].

La différence fut grande, on le voit, entre la guerre
de Crimée et la guerre Allemande. Autant dans l'une
les relations furent affables, autant dans l'autre les
rapports furent tendus et dédaigneux. Aussi se rap-
pelle-t-on la première comme le souvenir d'une lutte

---

[1] Général Ambert. — *Récits militaires*, page 448.
[2] *Journal officiel*, 9 décembre 1870.

courtoise, tandis que la seconde n'a eu pour résultat que d'engendrer la haine.

Mais les officiers prisonniers peuvent aussi être internés dans une forteresse et, au besoin, dans les prisons, si la sûreté de l'État l'exige.

Instruction américaine, 75 : « L'internement ne doit jamais avoir pour but de faire souffrir les prisonniers ; on veut par là, pour des motifs politiques ou militaires, les empêcher de prendre part à la lutte et obtenir une paix plus profonde et plus favorable. Les officiers, qui s'engagent sur parole à ne pas chercher à s'enfuir, reçoivent souvent l'autorisation de se rendre dans une ville de leur choix et même de circuler librement, dans les environs du lieu qui leur est désigné. La réclusion dans une prison est une mesure extrême ; on ne l'appliquera guère que contre les prisonniers qui auront essayé de s'enfuir.

Quant aux soldats, le régime qui leur est appliqué est le régime de l'internement ; ils sont envoyés dans des dépôts situés dans des places fortes ou des camps retranchés. Ce n'est pas un véritable emprisonnement, et les intéressés jouissent tous d'une liberté compatible avec le but de la captivité.

Mais il est d'usage de laisser aux soldats une latitude moins grande que celle accordée aux officiers.

Il y aurait quelque chose de dégradant et de contraire à l'honneur militaire de confondre les prisonniers de guerre avec les criminels de droit commun. Ces hommes ne subissent pas une peine ; il ne faut pas,

par le choix du lieu de détention, augmenter le
malheur de leur situation. Aussi on ne peut que flétrir
le procédé de l'Angleterre, qui entassait nos prisonniers sur des pontons, en les laissant souffrir du froid,
de la faim et des intempéries des saisons.

Au cours de la guerre de 1870, des reproches ont
été échangés entre Français et Allemands, touchant
le traitement des prisonniers.

En France, on a fait, aux Allemands prisonniers,
l'application très libérale du décret de 1869, et les prisonniers ont joui d'une aisance plus grande que celle
de nos propres soldats à la même époque ; d'autre
part, il est possible, dans certains cas, que la force
publique préposée à leur garde n'ait pas su leur épargner tout sévice de la part de la population. En Allemagne, on affirme, au contraire, que la population
était plutôt sympathique aux prisonniers français,
mais il faut bien reconnaître que la situation maté-
rielle qui leur a été faite était insuffisante. A Posen,
par exemple, les prisonniers Français sont accueillis
aux cris de « Vive la France ». On leur offre des
cigares, des fruits, de l'argent ; l'archevêque désigne
une église où on leur dira la messe. Les jeunes gens
du pays leur laissaient des livres et de l'argent[1].

A Witemberg, Magdebourg et Spandau, les prisonniers ont un théâtre où ils donnent des représen-
tations.

---

[1] R. P. Damas. — Souvenirs de guerre et de captivité.

A Ulm, nos soldats prisonniers sont fort bien traités; les officiers allemands font tous leurs efforts pour alléger leurs souffrances. Parmi ceux-là, il faut citer le le capitaine Van Hüber, que nos soldats appellent *papa*. A leur départ, ils lui offrent une tabatière avec ces mots : « Souvenirs reconnaissants des prisonniers Français ».

Mais un peuple digne d'admiration pour le respect qu'il a eu des prisonniers dans une guerre des plus récentes, est le peuple Japonais, lors de son dernier conflit avec la Chine.

Ce peuple de l'Extrême-Orient, que bien des gens ignorants auraient assimilé à des barbares, a effectivement fait preuve d'une civilisation très avancée, doublée d'une grande connaissance de la science humanitaire du droit des gens.

Voici, du reste, à titre de document, quelques lignes de l'ouvrage de M. *Negao-Ariga* [1], sur la guerre Sino-Japonaise :

« Pendant toute la durée de la lutte Sino-Japonaise, »les lois des nations civilisées concernant les prison- »niers de guerre furent toutes strictement observées, »excepté peut-être dans le cas, d'ailleurs douteux, de »Port-Arthur. Le gouvernement Japonais, se confor- »mant au principe que les prisonniers de guerre sont »des prisonniers de l'Etat et non pas de l'individu, a

---

[1] Negao-Ariga. — *La guerre Sino-Japonaise au point de vue du droit international.* Chapitre IX, page 104.

»ordonné à toutes ses armées d'expédier le plus tôt
»possible au Japon les prisonniers qu'elles pourraient
»faire, se réservant le droit de les surveiller au grand
»quartier général.

» Les Japonais ont également respecté le principe
»que les prisonniers de guerre ne sont pas des prison-
»niers de droit commun. Ils n'ont jamais attaché leurs
»prisonniers pendant le trajet de leur transport vers le
»Japon ; ils les ont toujours laissés marcher en liberté.

»Il n'en fut autrement que lorsqu'il s'agit de tra-
»verser les territoires chinois, dans la crainte qu'il n'y
»eût des évasions.

»Par l'application du même principe, le gouverne-
»ment japonais ne plaça pas les prisonniers de guerre
»dans un lieu qui fût proche de l'endroit où les pri-
»sonniers criminels subissent leurs peines.

»Ainsi, à Tokio, ils furent mis dans la plus grande
»pagode de la capitale, appelée Hongwangii, et, dans les
»départements, ils furent internés dans les casernes
»des divisions régionales.

»Mais, pour les tenir à l'abri des outrages de la foule
»ignorante, étrangère à l'armée, on leur interdit de
»sortir des casernes et de la pagode.

»Les Chinois prisonniers furent habillés et nourris
»de la même façon que les soldats Japonais. Leurs
»officiers furent placés dans des chambres spéciales et
»soumis à un régime particulier.

« Il ne leur fut imposé aucun travail autre que
» celui nécessaire à leur entretien, tel que la cuisine,

» le nettoyage, etc... Il ne leur fut alloué aucune solde,
» car on leur avait fourni gratuitement tout ce qui
» leur était nécessaire.

» Tout ce qui était en leur possession, sauf les
» armes, fut conservé avec le plus grand soin.

» Ceux qui, parmi eux, souffraient d'une blessure
» ou d'une maladie, furent admis à recevoir les soins
» des hôpitaux de réserve, ou des hôpitaux de la
» Société de la Croix-Rouge. Ceux qui mouraient
» étaient enterrés avec une cérémonie convenable ».

Le Règlement auquel étaient soumis les Chinois
prisonniers contenait, d'ailleurs, les dispositions
suivantes :

1° Les vêtements des prisonniers de guerre seront
confectionnés avec le drap ou les cotonnades Koku-
raori, qui sont depuis des années dans les godowns
(magasins) ;

2° La coiffure chinoise en nattes sera laissée aux
prisonniers, suivant la coutume de leur pays ;

3° Des poêles et des brasiers seront donnés aux
prisonniers, pour les garantir contre le froid. Bien
entendu, on recommande de prendre toutes les précautions pour prévenir les incendies ;

4° La préparation et la cuisson des aliments, le
nettoyage des chambres et du casernement, pourront
être ordonnés aux prisonniers dans les limites du
possible ;

5° Les prisonniers blessés ou malades seront admis
dans un hôpital et y seront soumis au même traitement que nos officiers, sous-officiers et soldats,

Quant au sort des blessés sur le champ de bataille, dès le début de la guerre, le comte Sano, président de la Société de la Croix-Rouge du Japon, et d'autres généraux déclarèrent que, relativement aux malades, les belligérants se conformeraient d'un commun accord aux règles de la Convention de Genève.

Combien il est triste, au contraire, de relever, à côté de ces actes d'humanité, des faits qui révoltent les consciences, et dont se sont rendus coupables des peuples qui pourtant ont la prétention d'être plus civilisés que ces pays d'Extrême-Orient.

En premier lieu, pendant la guerre entre le Honduras et l'Etat de Nicaragua, nous trouvons un document qui présente un grand intérêt au point de vue du droit des gens :

Il convient, en effet, de noter l'étrange délibération par laquelle, au mois d'octobre 1893, le Congrès Hondurien donna, au président Vasquez, l'autorisation de déclarer la guerre au Nicaragua, en prévision d'une incursion possible des révolutionnaires Honduriens réfugiés dans ce pays.

C'est là un blanc-seing d'une espèce nouvelle, et dont l'usage, il faut l'espérer, ne se généralisera pas.

D'autre part, la presse anglaise (*Le Times* du 26 février 1894) reproche au général Bonilla, commandant les troupes du Nicaragua, d'avoir fait fusiller ses prisonniers [1].

---

[1] *Revue du Droit International public*. Tome I (1894), page 178.

L'Angleterre elle-même, qui par l'organe de ses journaux, reprochait ces cruautés à l'Etat du Nicaragua, vient aussi de se conduire d'une façon fort répréhensible sous ce rapport.

Sans rappeler ici l'emprisonnement de Napoléon Ier à Sainte-Hélène, que l'histoire a justement qualifié d'acte de félonie, on sait en effet que, dans la guerre qui se déroule actuellement dans le sud de l'Afrique, cette puissance est accusée de ne pas traiter les pri_ sonniers avec tous les égards qui leur sont dus.

Le 27 février 1900, on peut voir le général Lucas-Meyer se plaindre de ce que les prisonniers Burghers sont détenus avec les prisonniers indigènes de droit commun, ce qui est contraire aux lois de la guerre, comme on l'a vu plus haut.

Mais le fait le plus grave qu'on ait à reprocher à l'Angleterre dans le cours de cette campagne, c'est d'avoir envoyé à Sainte-Hélène le général Cronje et son armée prisonnière. La raison en est que, le climat de cette île étant meurtrier, la Grande-Bretagne a, dans cette circonstance, manqué à tous les devoirs de respect que l'on doit à l'ennemi malheureux, puisqu'elle a doublé la peine morale du vaincu d'une peine physique et corporelle condamnée par les lois de l'humanité.

Avant de passer au paragraphe suivant, nous croyons intéressant de citer ici un passage de M. Carlos Viesse touchant la condition des prisonniers appliquée aux guerres civiles.

Les lois de la guerre telles qu'elles sont formulées par le droit des gens trouvent aussi leur application dans les relations *commercia belli* que les partis en lutte entretiennent l'un avec l'autre. Cela revient, du reste, à dire que tous deux doivent soigneusement distinguer, d'une part entre les combattants et les non combattants ; et de l'autre, entre les troupes régulières et les bandes irrégulières ou guérillas ; les sièges et blocus doivent être dirigés conformément aux règles établies pour ces opérations.

Les prisonniers ont le droit d'être considérés et traités comme tels et peuvent être échangés ou remis en liberté sur parole ; les deux partis ont le droit de juger les espions et de les exécuter.

Du fait que les troupes du gouvernement se conforment, sur le champ de bataille, à l'égard des rebelles, aux règles observées habituellement par les troupes de deux états, tous deux souverains, il ne faudrait pas conclure que cela implique, de la part du gouvernement, un engagement de traiter les rebelles, au moment où l'insurrection aurait été écrasée, de la même manière que les vaincus d'une guerre internationale. Ces derniers n'ont, en effet, rien à redouter du fait qu'ils ont été capturés les armes à la main ; les rebelles, au contraire, sont exposés à être traduits devant les tribunaux pour crime de haute trahison.

Il faut cependant excepter le cas où une convention spéciale aurait été conclue entre le gouvernement et les chefs militaires des insurgés : il en serait de même

si une amnistie générale avait été proclamée ou rati-
fiée par les autorités compétentes de l'État. En pratique toutefois, on n'applique guère les lois dans toute
leur rigueur qu'aux chefs d'insurrection.

Sous réserve de l'éventualité d'une poursuite pénale,
le premier résultat de la paix est de faire disparaître
toutes les entraves apportées à la liberté personnelle
des vaincus. Dès l'instant où la fin de la révolte est
officiellement annoncée, les officiers prisonniers, mis
en liberté sur parole, sont déliés des engagements qui
leur avaient été imposés, ils ne peuvent plus être traduits devant les cours martiales [1].

§ II. — Du Travail des Prisonniers de guerre

Ces principes une fois établis, on se trouve naturelle-
lement amené à se demander si on doit utiliser le
temps des prisonniers pendant la captivité.

Peut-on les faire travailler ?

L'affirmative n'est pas douteuse. Le travail étant
un élément de santé et de moralité, il faut certainement occuper les prisonniers, mais on ne devra pas
les soumettre à un travail qui serait dangereux, trop
pénible ou d'une nature dégradante.

Bluntschli s'exprime ainsi à ce sujet :

---

[1] *Docteur Carlos Viesse*, ancien sous-secrétaire d'État au ministère des
affaires étrangères du Pérou. — *Le Droit International* appliqué aux
guerres civiles. Edition de 1898, page 75-76.

Les prisonniers de guerre peuvent être astreints à des travaux proportionnés à leur grade et à leur position sociale, mais ils ne peuvent jamais être contraints à prendre les armes contre leur pays, ou à donner des renseignements qui pourraient compromettre les intérêts de leur gouvernement [1].

La Conférence de la Paix tenue à la Haye a, également, déclaré tout dernièrement que :

« L'État peut employer comme travailleurs les prisonniers de guerre selon leur grade et leurs aptitudes. Les travaux ne seront pas excessifs et n'auront aucun rapport avec les opérations de la guerre. — Les prisonniers peuvent être autorisés à travailler pour le compte d'administrations publiques, de particuliers, ou pour leur propre compte. Les travaux faits pour l'état sont payés d'après les tarifs en vigueur pour les militaires de l'armée nationale exécutant les mêmes travaux. Lorsque les travaux ont lieu pour le compte d'autres administrations publiques ou pour des particuliers, les conditions en sont réglées d'accord avec l'autorité militaire. Le salaire des prisonniers contribuera à adoucir leur position, et le surplus leur sera compté au moment [2] de leur libération, sauf défalcation des frais d'entretien ».

La même décision a été prise aussi dans les termes

---

[1] Bluntschli. — Article 608, page 358.

[2] *Revue de droit Intern. Public.* — Conférence de la Haye, tome 12 (1899), article 6, page 556.

suivants par le *Règlement Français du 21 Mars 1893* :

« L'Etat peut employer comme travailleurs, selon leur grade et leur condition, les prisonniers de guerre. Ceux-ci peuvent en outre être autorisés à travailler au compte des départements, des communes, des particuliers ou même de leur propre compte.

Les salaires gagnés par les ouvriers travailleurs sont toujours payés au commandant du dépôt ou de l'unité, compagnie ou bataillon, qui est chargé d'en faire la répartition, conformément aux dispositions prescrites.

Les retenues à opérer sur ces salaires sont fixées par le conseil d'administration de chaque dépôt ou le commandant de chaque unité constituée.

Les salaires devront toujours être déterminés de manière à laisser à chaque prisonnier, sauf ceux qui travaillent au compte du département de la guerre, une somme de 0,40 centimes par jour, allouée à titre d'argent de poche [1].

On ne doit jamais perdre de vue qu'il y a tout intérêt, tant pour l'Etat que pour les prisonniers eux-mêmes, à employer le plus grand nombre possible de travailleurs.

Il est donc incontestable que l'on peut imposer un travail aux prisonniers de guerre, pourvu qu'il n'ait aucun rapport avec les hostilités. Il semble même

---

[1] Edouard Romberg. — *Règlement Français de 1895.* Article 88, page 272.

que, sur ce dernier point, on s'est souvent montré trop large, par exemple, en autorisant des travaux de fortifications, qui n'ont pas d'utilité actuelle pour les belligérants, mais qui seraient susceptibles d'en acquérir dans l'avenir.

Ainsi, en 1870-1871, les Allemands ont pu légitimement employer les Français à fortifier la frontière russe.

L'Etat qui détient des prisonniers de guerre peut les employer à de grands travaux publics, créations de routes ou de ports, établissement de chemins de fer, construction de canaux, percement de tunnels. C'est ainsi qu'en France, pendant les guerres de la Révolution, on fit exécuter par eux de grands travaux, au nombre desquels on peut citer notamment le canal de Saint-Quentin, qui relie l'Escaut à la Somme. Plus tard, Napoléon Ier les employa à augmenter les voies navigables de la France. L'appel incessant de soldats enlevant à la campagne et à l'agriculture les bras nécessaires, Napoléon occupa aussi des prisonniers aux travaux de culture. Ce fait est établi par la proclamation qu'il adressa à ses troupes, après les combats livrés autour d'Ulm et la capitulation de cette place (21 octobre 1805) : « Des 100,000 hommes qui composaient cette armée (autrichienne), dit-il, 60,000 sont prisonniers. Ils iront remplacer nos conscrits dans les travaux de la campagne ». D'autres, enfin, furent placés chez des particuliers qu'ils aidaient dans l'exercice de leur profession.

Pendant les guerres de l'Empire, les prisonniers envoyés en France furent traités avec douceur. Ils y étaient reçus avec tant de bienveillance qu'ils se rappelaient avec plaisir leurs heures de captivité.

N'est-ce pas un des plus grands honneurs que puisse rêver une nation que de voir les vaincus regretter presque les traitements du vainqueur?

En 1854-1856, les prisonniers russes étaient heureux dans leur captivité, ils étaient traités comme nos soldats, mais ils trouvaient le pain trop blanc, et regrettaient le pain noir de leur village et du régiment[1].

Les travaux auxquels sont soumis les prisonniers de guerre ne doivent être ni trop rudes, ni trop fatigants.

Comme nous l'avons vu plus haut, il faut, en les imposant, avoir égard au grade du prisonnier et à sa position sociale. Ainsi, un officier ne saurait être employé à des travaux de terrassement.

Quant aux dépenses occasionnées par le séjour des prisonniers de guerre, elles restent provisoirement à la charge de la puissance qui les détient. Ces dépenses font, au moment du traité de paix, l'objet de stipulations particulières.

En raison de l'ordre qu'il est nécessaire de maintenir parmi eux, les prisonniers de guerre sont sou-

---

[1] Alfred Rambaud. — *Moscou et Sébastopol.* Deuxième partie, chapitre 4, page 266.

mis à une discipline rigoureuse et peuvent être, en cas d'infraction à leurs devoirs spéciaux, frappés de peines graves.

C'est ainsi que la rébellion est invariablement punie de mort. De même, les tentatives d'évasion, fort dangereuses pour les puissances qui détiennent les prisonniers, sont sévèrement réprimées.

Les auteurs suivants s'expriment dans ce sens, et leur avis est confirmé par les conventions qui ont traité de ce sujet.

Bluntschili : « On peut punir militairement les conjurations entre les prisonniers pour recouvrer leur liberté, ou les complots formés entre eux contre les autorités existantes. On pourra même, dans les cas graves, prononcer la peine de mort contre les coupables [1] ».

Les prisonniers de guerre sont soumis aux règlements, lois et ordres en vigueur dans l'armée de l'État au pouvoir duquel ils se trouvent. Tout acte d'insubordination autorise à leur égard les mesures de rigueur nécessaires [2].

Les prisonniers de guerre sont des ennemis qui ont dû se soumettre à une force supérieure. Tout soulèvement général des prisonniers offre un danger extrême, et l'on pourra, pour l'éviter, recourir aux

---

[1] Bluntschili. — Article 610, page 359.

[2] *Revue du Droit Int. Public.* — Conférence de la Paix. Article 8, page 556.

rigueurs des lois militaires. Lorsqu'on cerne des prisonniers révoltés et qu'on menace de faire feu, la guerre recommence, c'est une mesure militaire ou si l'on veut de police, ce n'est pas une mesure judiciaire [1].

En ce qui concerne les objets qui appartiennent aux prisonniers, ils restent leur propriété. Ils peuvent leur être temporairement retirés, mais on doit les leur rendre au moment de la libération.

Il en est ainsi pour les valeurs, bijoux, sommes d'argent, qui sont trouvés sur eux. Les en spolier est interdit comme un acte déshonorant. La privation temporaire de ces objets s'explique d'ailleurs naturellement, car il ne faut pas que les prisonniers aient les moyens de s'enfuir ou de corrompre leurs gardiens. C'est une simple mesure de précaution.

§ III. — RELIGION ET EXERCICE DES DROITS CIVILS
DES PRISONNIERS DE GUERRE

Une autre question intéressante, quoique secondaire, s'élève encore au sujet des prisonniers. C'est celle de l'exercice de leur religion et de leurs droits civils.

Quant à l'exercice de leur religion, la solution qui a été donnée à cet égard est conforme aux règles de courtoisie et de respect qu'on doit aux captifs.

Rien, en effet, ne saurait empêcher le vaincu de

---

[1] Instructions Américaines pour les armées en campagne. Article 77.

continuer à suivre et à pratiquer le culte de sa
famille et de son pays.

On trouve des documents catégoriques à ce sujet :

L'article 53 du règlement français de 1893 déclare
que :

Toute latitude est laissée aux prisonniers pour
l'exercice de leur religion, à la seule condition de se
conformer aux mesures d'ordre et de police prescrites par l'autorité militaire locale.

Les prisonniers qui le demandent peuvent être
autorisés à assister, le dimanche et les jours fériés
sous la conduite de leurs surveillants, aux offices
de leur culte, soit dans l'intérieur, soit même en
dehors des dépôts.

Le commandant d'un dépôt peut autoriser sous sa
responsabilité les ministres de divers cultes, de
nationalité française, à pénétrer dans le dépôt.

Les ministres des divers cultes de nationalité
étrangère, munis d'une autorisation spéciale du
ministre de la guerre, peuvent également être admis
dans les dépôts.

Les uns et les autres peuvent prendre et signer
l'engagement de se conformer aux mesures d'ordre
et de police prescrites par l'autorité militaire locale[1].

La conférence de la Paix tenue à la Haye a également répondu à cette question touchant les prison-

---

[1] Edouard Romberg — *Des Belligérants et des prisonniers de guerre.*
page 268.

niers de guerre, dans son article 18 : Toute latitude
est laissée aux prisonniers de guerre pour l'exercice
de leur religion, y compris l'assistance aux offices de
leur culte, à la seule condition de se conformer aux
mesures d'ordre et de police prescrites par l'autorité
militaire [1].

En ce qui concerne l'exercice de leurs droits civils,
la question est assez restreinte et n'est intéressante
qu'au point de vue de savoir si oui ou non le prisonnier de guerre a le droit de tester.

L'affirmative est universellement reconnue, et à
l'appui de ceci on peut citer deux textes qui se ressemblent beaucoup :

1° *L'article 103* du règlement français de 1893 :
« les testaments des prisonniers de guerre sont
» reçus ou établis dans les mêmes conditions que
» pour les militaires de l'armée française.

» On agit de même à l'égard des successions, qui
» sont conservées jusqu'à ce que les circonstances
» permettent de les faire venir aux familles intéres-
» sées [2] ».

2° *L'article 19* de la conférence de la Paix : « Les
» testaments des prisonniers de guerre sont dressés
» ou reçus dans les mêmes conditions que pour les
» militaires de l'armée nationale. — On suivra éga-
» lement les mêmes règles, en ce qui concerne les

---

[1] *Droit International* (Revue). Tome 12, pages 557 et 558, articles 18 et 19.

[2] Romberg. — *Règlement Français de 1893.* Page 273.

» pièces relatives à la constatation des décès, ainsi
» que pour l'inhumation des prisonniers de guerre,
» en tenant compte de leur grade et de leur rang [1]».

Comme on vient de le voir, tous ces règlements sont
inspirés d'un grand esprit d'humanité et en harmonie
avec les lois les plus généreuses de la guerre.

Les nations qui nous entourent ont établi des
prescriptions identiques. Il serait trop long de les
énumérer toutes.

M. Edouard Romberg, dans son ouvrage sur les
belligérants et les prisonniers de guerre, permet de
les suivre dans leurs dispositions, qui ont, du reste,
entre elles, la plus grande analogie.

Le court règlement autrichien de 1881 et le règlement espagnol de 1882 méritent cependant d'être
cités, entre tous, pour la correction et la noblesse de
leurs principes.

Le texte portugais de 1890 contient également des
prescriptions pour les Portugais faits prisonniers par
l'ennemi [2].

Quelle est, entre belligérants, l'autorité de ces
documents? Evidemment, ils ont une valeur pure-
ment intérieure et non pas internationale. Le gouvernement qui les a édictés peut aussi les modifier. Sa
liberté n'est pas entière toutefois, et la justice exige
qu'il ne traite pas les prisonniers ennemis plus mal

---

[1] *Droit international* (Revue). Tome 12, pages 557 et 558, articles
18 et 19.

[2] Edouard Romberg. — Pages 247 à 288.

que l'ennemi ne traite ses propres soldats. Dépasser
cette limite serait se conduire incorrectement et
s'exposer à des représailles, d'autant plus funestes
qu'elles tomberaient sur des individus désarmés et
et en proie à une situation douloureuse et misérable.

Telle est de nos jours la condition des prisonniers
de guerre. Cependant l'examen de cette question
nous semblerait incomplet si nous ne parlions pas
de deux catégories de personnes dont le sort est presque analogue à celui des captifs.

Ce sont :

Les belligérants internés chez les neutres ;

Les otages.

§ IV. — DES BELLIGÉRANTS INTERNÉS CHEZ LES NEUTRES

La situation des combattants que les vicissitudes
de la lutte amènent en pays neutre est digne de fixer
l'attention.

Plus les armées jetées sur le champ de bataille sont
nombreuses et leurs mouvements difficiles, plus il
sera fréquent de les voir dans un cas urgent se jeter
dans un pays neutre pour éviter de tomber entre les
mains de l'ennemi qui les presse.

Il est universellement reconnu qu'un état neutre
ne peut, sans compromettre sa neutralité, prêter
assistance aux belligérants et notamment leur permettre d'emprunter son territoire. L'humanité, d'autre part, veut qu'il ne soit pas contraint de repousser

ceux qui viennent lui demander asile pour échapper à la mort ou à la captivité.

Il faut noter en passant qu'un belligérant ne peut faire des prisonniers sur un territoire neutre, sous peine de violation du droit des gens.

La situation de ces internés en pays neutre sera fort semblable à celle des prisonniers de guerre. Ils seront désarmés et gardés le plus loin possible du lieu des hostilités, pour leur épargner la tentation de rejoindre leur armée. Les officiers pourront être mis en liberté sur parole. Leurs effets leur seront restitués à la paix. Ils seront tenus de se conformer aux prescriptions émises par les autorités de l'état auquel ils ont demandé l'hospitalité.

Il existe toutefois entre la condition de ces hommes et celle des prisonniers certaines différences.

1° Ces hommes n'étant pas des ennemis pour l'Etat qui les retient, ce dernier n'est pas autorisé à user envers eux d'autant de rigueur qu'envers les véritables prisonniers. Les soumettre à la loi martiale serait excessif. Si, du reste, en dépit des précautions prises, il vient à s'en échapper quelques-uns, l'Etat neutre n'est tenu de ce chef à aucune responsabilité envers les belligérants.

2° Ces hommes peuvent être employés à tous travaux militaires ou civils, puisque l'ouvrage auxquels ils sont attachés n'est en aucun cas destiné à servir contre leur patrie.

3° Si l'état neutre a recueilli des fuyards des deux

camps ennemis, son devoir strict est de les séparer, pour éviter l'explosion d'hostilités et de rixes individuelles sur son territoire.

Quel doit être le sort des prisonniers que ces fugitifs pouvaient avoir avec eux au moment où ils passaient la frontière? Ce point, qui a été spécialement discuté, nous paraît susceptible d'être ainsi résolu.

Il faut décider que ces prisonniers doivent être immédiatement rendus à la liberté. La troupe qui les retenait, étant désarmée, ne peut plus les garder, et, en se réfugiant sur le territoire neutre, elle a implicitement reconnu qu'elle ne possédait pas d'autre moyen d'éviter de tomber entre les mains d'un ennemi. En ce cas, les prisonniers auraient été libérés, il est juste donc qu'ils le soient de même.

La commission choisie au sein de la conférence de Bruxelles s'est prononcée dans ce sens.

Quant aux règles générales qui ont été exposées ci-dessus, elles ont aussi été traitées et admises dans les décisions de la conférence de la Paix de 1899 [1].

« L'État neutre qui reçoit sur son territoire des troupes appartenant aux armées belligérantes, les internera autant que possible, loin du théâtre de la guerre. Il pourra les garder dans les camps et même les enfermer dans des forteresses ou dans des lieux appropriés à cet effet.

---

[1] *Revue de Droit International public* (1899), page 564. Conférence de la Paix, articles 57 et 58.

Il décidera si les officiers peuvent être laissés libres, en prenant l'engagement sur parole de ne pas quitter le territoire neutre sans autorisation.

A défaut de convention spéciale, l'Etat neutre fournira aux internés les vivres, les habillements et les secours commandés par l'humanité. Bonification sera faite, à la paix, des frais occasionnés par l'internement.

Les évacuations de blessés et de malades prisonniers peuvent également transiter à travers un territoire neutre, pourvu que leur matériel et leur personnel soient exclusivement sanitaires (art. 58).

La conférence de la paix contient encore, à ce sujet, la déclaration suivante :

Article 59 : L'Etat neutre pourra autoriser le passage, sur son territoire, des blessés ou malades appartenant aux armées belligérantes, sous les réserves que les trains qui les amèneront ne transporteront ni personnel, ni matériel de guerre. En pareil cas, l'Etat neutre est tenu de prendre les mesures de sûreté et de contrôle nécessaires à cet effet.

Plusieurs fois pendant notre guerre désastreuse de 1870-1871, l'occasion s'est présentée d'appliquer ces principes concernant les internés en pays neutre.

Lorsque l'armée de Bourbaki fut obligée de se réfugier en Suisse, une convention fut passée à ce sujet le 1er février 1871, entre le général Clinchant et le général suisse Herzog.

Mais c'est en Belgique que le désastre de Sedan rejeta le plus de Français.

Ces réfugiés étaient en si grand nombre, qu'on fut obligé de prendre des mesures spéciales pour leur internement. On dirigea d'abord les sous-officiers et soldats sur Namur. Les officiers furent laissés libres sur engagement écrit de ne pas quitter la Belgique sans autorisation.

Les chevaux recueillis furent dirigés sur le camp de Bervoloo, et le matériel sur Gand. Les officiers eurent le choix de vendre leurs chevaux ou de les laisser au camp jusqu'à la paix.

Des internés cherchèrent à s'évader, ceux qui ne réussirent pas dans leur tentative furent conduits à Anvers. On prévint alors tous les prisonniers qu'on serait dans l'obligation de les enfermer dans une forteresse au cas où des évasions continueraient à se produire.

Les internés reçurent des rations particulières de pain et de viande, comme les troupes belges, plus une solde comme ces dernières. En outre, le jour du rapatriement, chaque interné reçut avec sa solde une légère indemnité.

Pour compléter l'exposé des mesures prises à l'égard des soldats étrangers durant leur séjour en Belgique, il faut ajouter que des cours d'enseignement furent organisés dans les forteresses, où se trouvaient les internés, qui purent ainsi mettre à profit leur internement.

Il est permis de conclure, d'après ce qui vient d'être exposé, que les internés en pays neutre forment une

catégorie particulière de prisonniers de guerre, dont
la condition, malgré quelques légères différences à
leur avantage, est à peu près identique à celle des
prisonniers de guerre proprement dits, aussi leur sort
ne paraît guère plus enviable.

§ V. — Des otages.

La coutume de donner ou de prendre des otages
est des plus anciennes.

Et d'abord, on en distingue de deux sortes : « Les
otages qui peuvent être donnés conventionnellement
en temps de paix. pour garantir l'exécution d'une
convention. et ceux qui sont pris par l'ennemi en
temps de guerre.

Traitant spécialement la question des prisonniers
de guerre, nous n'avons à nous occuper que des derniers. qui rentrent seuls dans le cadre de ce travail.

Les otages de guerre sont donc des ressortissants
de l'un des belligérants, dont s'empare de vive force
l'ennemi, ou qu'on met à la disposition de ce dernier
pour lui garantir l'exécution de certains accords militaires ainsi que l'exercice des droits qu'il prétend
avoir.

Ils peuvent, on le voit, être remis volontairement à
l'ennemi ou pris de vive force.

La guerre Franco-Allemande de 1870 a fourni plusieurs exemples d'otages pris de vive force.

C'est ainsi, notamment, qu'à Chaumont, après avoir

rappelé dans une proclamation que plusieurs officiers et soldats allemands avaient été tués ou blessés à Châtillon-sur-Seine par un détachement de volontaires Garibaldiens, le colonel Plaetz, commandant d'Etapes, fait connaître au public qu'aussi bien dans l'intérêt de ses troupes que dans celui de la ville et du département, il juge utile de s'emparer par précaution d'un certain nombre de citoyens les plus nobles de la ville et des villages environnants pour les garder comme otages et que, si des événements pareils à ceux de Châtillon-sur-Seine venaient à se produire à Chaumont, ou même à la moindre tentative, il fera fusiller les otages pour punir le crime de leurs concitoyens [1].

Le 30 juin 1871, la petite ville de Bray est frappée d'une contribution de 37,000 fr., faute de pouvoir la payer, le maire et trois notables sont amenés comme otages.

En parcourant l'histoire de cette guerre néfaste, on trouverait à citer d'autres faits qui démontreraient que l'ennemi ne s'est inspiré que de la loi du plus fort, dont il n'a pas hésité à faire l'application la plus arbitraire.

La postérité fera justice de ces coutumes barbares, mais il est un fait incontestable, c'est que vraiment les Prussiens ont beaucoup trop abusé de cette responsabilité collective, en exigeant à tout moment et pour des motifs souvent futiles, la remise d'otages pris

---

[1] Miguard. — *L'Invasion Allemande en Bourgogne.* Page 257.

parmi les personnes les plus notables du pays occupé.

Quoi qu'il en soit, il ne s'agit pas de discuter ici si on a ou non le droit de prendre des otages. Il n'est pas contestable que la coutume existe depuis les temps les plus reculés et qu'elle est même admise par des auteurs autorisés, tels que : Bluntschili, Vattel et Klüber.

Dès lors qu'en temps de guerre la coutume permet de s'emparer de personnes à titre de gage, il convient d'examiner quelle devra être leur condition et s'il faut les assimiler ou non à des prisonniers de guerre.

Bluntschili répond à ces questions très affirmativement : « Les otages dit-il, remis par le gouvernement ou la population ennemie et les personnes dont les autorités militaires se sont emparées à titre d'otages sont traités de la même façon que les prisonniers de guerre » [1].

En effet, il faut aujourd'hui ranger, au nombre des anciennes pratiques désavouées par la civilisation, les actes de répression corporelle exercés autrefois sur les otages.

Mais, en revanche, il est indéniable qu'il faut assimiler ouvertement ces derniers, quant au traitement, à ceux des prisonniers de guerre qui, par leur rang social, ont droit aux plus grands égards.

Les otages ne sont pas, à proprement parler, des

---

[1] Bluntschili. — Article 600, page 354.

prisonniers de guerre, puisqu'ils n'ont pas été pris les armes à la main ou assistant l'ennemi, mais ils se trouvent aux mains du belligérant adverse en qualité de garants personnels, et de plus ce sont en général des citoyens notables, des personnages influents dans leur pays. On les traitera donc de la même façon que les prisonniers de guerre les plus qualifiés.

D'autre part, le décret Impérial Français du 4 août 1811 fait une distinction entre les prisonniers de guerre et les otages, mais il les met sur le pied d'égalité en ce qui concerne le traitement.

Nonobstant cette assimilation, on ne peut s'empêcher de penser qu'il serait plus conforme aux progrès de la civilisation de renoncer à cette coutume, qui n'aboutit en définitive qu'à une garantie insuffisante quand elle n'est point inhumaine, et qui est susceptible de donner plus d'embarras que de sécurité.

CHAPITRE III

Comment se termine la Captivité

Les causes qui mettent fin à la captivité sont nombreuses ; les unes produisent leurs effets pendant la guerre, les autres ne se réalisent qu'à la signature de la paix.

Nous allons les passer rapidement en revue, après avoir rappelé pour mémoire que la rançon, tombée aujourd'hui en désuétude, était jadis le moyen le plus usuel de délivrer les prisonniers, soit pendant la guerre, soit après les hostilités.

La captivité cesse par des faits qui touchent individuellement les prisonniers, c'est-à-dire qui délivrent les prisonniers considérés isolément, et par des faits qui opèrent cette délivrance d'une manière générale, c'est-à-dire qui mettent en liberté tous les prisonniers de guerre.

La délivrance individuelle a lieu : pour les prisonniers blessés ou malades, qui après guérison sont reconnus incapables de servir de nouveau, ou même qui, ayant conservé cette capacité, sont renvoyés par le capteur dans leur pays : pour les prisonniers qui sont arrachés au capteur de vive force par les troupes ennemies dont ils faisaient partie ; enfin pour les prisonniers qui s'évadent.

La délivrance est générale, lorsqu'elle se produit au bénéfice de tous les prisonniers ou d'un grand nombre :

A. «Pendant la guerre, en vertu d'un accord pour l'échange des prisonniers respectifs.

B. Après la guerre, au profit de tous les prisonniers par l'effet de la conclusion de la paix ».

D'où deux grandes divisions dans ce chapitre :

« 1re section. — Cas de délivrance individuelle.

» 2e section. — Cas de délivrance générale ».

Première Section. — Cas de délivrance individuelle

La délivrance individuelle peut avoir plusieurs causes : «Les blessures ou les maladies :

» L'évasion ;

» La mise en liberté sur parole » :

D'où trois cas principaux à envisager.

§ 1er. — BLESSÉS ET MALADES.

Ce premier cas a été consacré en ces termes par la Convention de Genève du 22 août 1864 : «Les commandants en chef auront la faculté de remettre immédiatement aux avant-postes ennemis les militaires blessés pendant le combat, lorsque les circonstances

le permettront et du consentement des deux parties.
Seront renvoyés dans leur pays ceux qui, après guérison, seront reconnus incapables de servir. Les autres
pourront également être renvoyés, à condition de ne
pas reprendre les armes pendant la durée de la guerre
(Art. 6). »

L'art. 5 du Règlement Français du 21 mars 1893
porte que les blessés et malades ennemis, prisonniers
de guerre, qui après guérison sont incapables de
servir, seront renvoyés dans leur pays, à l'exception
des officiers, dont la possession importerait au sort
des armées.

L'Institut de droit International s'exprime ainsi
dans son manuel des lois de la guerre sur terre :

« La captivité des prisonniers de guerre cesse aussi
de droit pour les malades ou blessés qui, après guérison, sont reconnus incapables de servir de nouveau. »

La disposition du règlement français du 21 mars
1893 et la règle formulée par l'Institut de droit international ne font d'ailleurs que reproduire d'une
manière plus ou moins complète les dispositions de
l'article 6 de la Convention de Genève de 1864 et de
l'article 5 du projet d'actes additionnels de 1868.

§ II. — L'ÉVASION

C'est un moyen de délivrance individuelle qui sera
tenté tant que les hommes porteront dans leur cœur
l'amour de l'indépendance et le désir de voler au
secours de leur patrie attaquée.

La liberté est, comme la vie, un droit naturel ; celui qui l'a perdue est toujours comme en état de légitime défense.

Cependant, si le désir de recouvrer sa liberté est un souhait bien naturel, bien légitime, l'évasion, quoique non contraire aux lois de la morale et à l'honneur militaire, n'en constitue pas moins un fait de résistance et d'hostilité que le capteur a intérêt à prévenir et à réprimer. Le prisonnier de guerre évadé ne peut-il pas aller rejoindre son armée et prendre part de nouveau à la lutte ?

Vattel s'exprime ainsi à ce sujet : « Les prisonniers » de guerre ne se trouvent au pouvoir de l'ennemi » que par force, et le droit de la force n'est pas un » droit. Dès qu'elle cesse, ou parce que la ruse des » prisonniers a su lui donner le change, ou pour » toute autre raison, les prisonniers en tâchant d'en » profiter n'ont fait qu'user de leur droit.

» Si l'ennemi les reprend, il peut redoubler de » vigilance, mais il ne doit pas se permettre de les » traiter en criminels, sauf cependant le cas où ils » auraient librement engagé leur parole de ne pas » essayer de s'enfuir [1] ».

En effet, le prisonnier qui a donné sa parole de ne pas quitter la ville qui lui est assignée pour jouir d'une liberté plus grande, ne peut s'évader sans faus-

---

[1] Vattel. — *Le Droit des gens*. Livre III, page 131.

ser sa parole. S'il est repris, il sera puni pour avoir violé son serment.

En 1870-1871, les officiers français jouirent d'une certaine liberté, à condition de ne pas s'éloigner de leur résidence, mais, de nombreuses évasions ayant eu lieu, des mesures spéciales furent prises pour enrayer ce mouvement de fuite, ainsi qu'il résulte de la déclaration suivante du général Vogel von Falkestein :

« Chaque fois qu'un prisonnier français s'évadera, dix de ses collègues, habitant avec lui, seront choisis au sort pour être enfermés et étroitement surveillés dans une forteresse, jusqu'au moment où le prisonnier sera ramené. Celui-ci sera privé de tous les droits et privilèges accordés à l'officier prisonnier [1]. »

Le cas de la parole donnée excepté, l'évasion n'est pas un crime puni par le droit des gens. Il est légitime que le prisonnier cherche à tromper la vigilance de l'ennemi et aille reprendre du service dans les armées de sa patrie. C'est même la conduite d'un dévoué citoyen et d'un bon patriote. Aussi, dans le cas où il serait fait de nouveau prisonnier, aucune peine ne lui est-elle applicable. S'il est rattrapé dans sa fuite, il sera ramené au lieu de sa détention et soumis à une surveillance plus rigoureuse. S'il est surpris dans son évasion, il peut être sommé de s'arrêter ; s'il

---

[1] Calvo. — *Droit International théorique et pratique*. Tome II, page 853.

refuse, ceux qui sont à sa poursuite ont le droit de tirer sur lui, de le tuer même au besoin [1].

Le projet russe et un amendement du général Woigts-Ketlz punissaient tout complot de prisonniers de guerre en vue d'une fuite générale. M. de Lanza, dans la séance du 6 avril, fit écarter cette disposition en montrant qu'elle était en désaccord avec l'article 31. Celui-ci ne punit que l'évasion tentée et on voulait réprimer la simple pensée de l'évasion. Si on découvre un complot, une surveillance plus sévère peut suffire comme punition. C'est à celui qui fait des prisonniers à les empêcher de s'évader. Punir préventivement un complot, c'est punir une intention non réalisée. Ce serait violer un des grands principes du droit criminel : « La pensée ne peut être punie ; un acte matériel est nécessaire pour l'application d'une peine ».

Du reste, lorsqu'un prisonnier de guerre s'est enfui, il est d'usage, dans la pratique, de ne pas le punir si c'est un soldat et de l'emprisonner si c'est un officier.

En résumé, voici les diverses hypothèses qui peuvent se présenter en matière d'évasion.

1° Le prisonnier est surpris pendant sa fuite.

2° Le prisonnier a échappé au feu dirigé contre lui, mais il est repris avant d'avoir pu rejoindre son armée, ou d'avoir quitté le territoire du capteur.

---

[1] Article 30. Conférence de Bruxelles, 77. Institutions des États-Unis. Lois de la guerre sur terre.

3° Le prisonnier s'est échappé, a rejoint son armée, en passant sur la partie non occupée du territoire de son pays ou en pays neutre, puis il est repris plus tard.

4° Les prisonniers se concertent entre eux, ourdissent une conspiration pour arriver à une évasion collective ou générale, ou dans le but de se révolter contre les autorités de l'Etat dont ils sont prisonniers.

Dans la première hypothèse, il est permis d'employer la force contre le prisonnier et de le tuer après l'avoir sommé, auparavant, de s'arrêter ou de se rendre.

Dans la deuxième hypothèse, le prisonnier ne sera frappé que d'une peine disciplinaire, mais il sera soumis à une surveillance plus rigoureuse.

Dans la troisième hypothèse, le prisonnier ne sera passible d'aucune peine quelconque, mais il sera traité plus sévèrement pendant sa deuxième captivité.

Enfin, dans la quatrième hypothèse, les prisonniers peuvent être frappés des peines les plus sévères et même punis de mort.

Comme on le voit, l'évasion qui met fin à la captivité ne peut être punie que si elle a cherché à troubler l'ordre public de l'Etat capteur, ou si le prisonnier évadé et repris avait donné sa parole à ceux qui l'avaient pris de ne plus servir dans les rangs de l'armée ennemie.

§ III. — LA MISE EN LIBERTÉ SUR PAROLE

Le mot parole désigne ici l'engagement pris de bonne foi et sur l'honneur par un prisonnier de faire ou de ne pas faire certains actes déterminés, quand l'ennemi à qui il aura fait cette promesse lui aura rendu une liberté complète ou partielle.

Aussi un corps de troupe tout entier ne pourrait donner sa parole par une déclaration générale [1].

En 1870, les officiers français étaient mis en liberté sur parole, en accomplissant la formalité de ce qu'on appela : « La signature du revers ».

« La signature du revers est un engagement par lequel les officiers français pris à Sedan ne partageaient pas le sort de leur troupe et restaient libres, mais s'obligeaient à ne pas reprendre du service contre la Prusse pendant toute la durée de la guerre ; on a expliqué cette expression, en s'appuyant sur ce que cette clause spéciale se trouvait sur le *revers de la feuille* contenant les conditions générales de la capitulation ».

C'est ce qui a fait dire au général Lebrun : « Cette clause était certainement attentatoire à l'honneur des officiers français, et elle a eu des conséquences déplorables pour les malheureux qui ont signé le revers...[2] ».

---

[1] Instruction des Etats-Unis pour les armées en campagne. Article 120.

[2] *Gazette des Tribunaux.* — 14 février 1875, page 150, 2ᵉ colonne.

Il faut que chacun s'engage individuellement à remplir les conditions qui lui sont imposées. La mise en liberté sur parole est donc un contrat entre le belligérant et son prisonnier. Dès lors, nul ne peut être obligé de donner ou d'accepter cette liberté. Mais dès que le contrat est formé, il ne peut être rompu que par le dissentiment. Certaines législations défendent à leurs nationaux d'accepter la liberté sur parole, car la condition mise au renvoi est toujours de ne pas servir dans la guerre actuelle. Or, un citoyen a-t-il le droit de se dispenser d'aller au secours de sa patrie? D'un autre côté, son engagement lui interdit de reprendre les armes, il ne peut le violer sans forfaire à l'honneur. Le belligérant qui remet un prisonnier en liberté sur parole n'a pas à s'occuper de la législation particulière du relâché. Celle-ci peut lui défendre une liberté conditionnelle, le contrat n'en sera pas moins valable pour les deux parties, mais le libéré pourra être puni disciplinairement pour n'avoir pas observé les règlements de sa patrie.

L'engagement pris par le prisonnier, dit Calvo, « ne se rapporte qu'au service actif en campagne, » mais il ne s'étend pas au service intérieur. Aussi » les prisonniers relâchés sur parole peuvent, par » exemple, être employés à lever et à instruire des » recrues, à travailler aux fortifications des places » non assiégées, à comprimer les soulèvements civils, » à combattre les ennemis qui ne sont pas alliés du » belligérant auquel ils ont donné leur parole, à rem-

» plir des fonctions civiles ou des missions diploma-
» tiques. L'article 130 des Etats-Unis adopte une
» doctrine semblable [1]. »

La mise en liberté sur parole est surtout usitée pour
les officiers. Les règlements français interdisent à nos
officiers de séparer leur sort de celui de nos troupes :
ils doivent rester avec leurs soldats dans la bonne
comme dans la mauvaise fortune.

Le général Ambert s'élève hautement contre les
officiers français qui ont accepté, en 1870-1871, une
liberté sur parole, et surtout contre ceux qui ont violé
leurs promesses.

« Des officiers, dit-il, malgré la loi, ont signé l'en-
» gagement de ne pas reprendre les armes pendant
» la durée de la guerre, et l'ennemi leur a délivré des
» sauf-conduits pour rentrer en France. Quelques-uns
» de ces officiers ont repris du service et obtenu de
» l'avancement.

« Ces officiers, qui avaient séparé leur sort de celui
» de leurs soldats, oubliaient que leurs camarades
» supportaient les douleurs de la captivité et per-
» daient toute chance d'avancement, pendant qu'eux-
» mêmes, liés par un serment sacré, obtenaient de
» nouveaux grades et devenaient les chefs de leurs
» collègues de la veille, de ceux qui étaient restés
» fidèles à la parole donnée.

---

[1] Calvo. — *Droit International pratique et théorique.* Tome III,
page 169.

» Parmi les officiers qui avaient consenti à ne plus
»combattre pendant la guerre, un grand nombre ont
»tenu leur engagement quelque peu honorable qu'il fût.
»Ceux-là ont dû cruellement souffrir en voyant leurs
»concitoyens faire des efforts pour sauver la patrie.
»Nul n'a le droit de prendre l'engagement de ne pas
»défendre son pays, mais la parole donnée à l'ennemi
»doit toujours rester sacrée [1]. »

De tout temps, du reste, on a eu un grand respect
pour la parole jurée. Xénophon déclare qu'il n'y a rien
de plus louable, surtout chez un chef d'armée, que
d'être et de passer pour un observateur de la bonne
foi.

Saint Augustin écrit qu'il faut garder la foi, même
avec l'ennemi à qui l'on fait la guerre.

Pendant la guerre de 1870-1871, un certain nombre d'officiers français avaient repris du service malgré
leur engagement de ne plus combattre. Dans une cir-
culaire adressée, le 14 décembre 1870, par M. de Bismarck aux représentants de l'Allemagne du Nord à
l'Etranger, le chancelier Prussien s'élève avec hauteur
contre ces manquements à la parole donnée. Il accuse
violemment les généraux français d'avoir repris le
service malgré leurs promesses. Ceux-ci ont déclaré
inexactes les appréciations de la note Allemande.

M. de Bismarck reproche au gouvernement de la
défense nationale d'employer des officiers parjures et

---

[1] Général Ambert, — *Récits militaires.* Tome I, pages 397-398.

d'approuver officiellement leur conduite. Le gouvernement allemand, ajoute-t-il, sera obligé de prendre des précautions pour prévenir le retour d'un semblable état de choses.

Mais les officiers seuls sont-ils autorisés ou invités à pouvoir donner leur parole pour acquérir ainsi la liberté ?

Bluntschili déclare dans son article 621 que :

La parole des soldats est admise aussi bien que celle des officiers, pour autant qu'ils paraissent autorisés à la donner [1]. »

En effet, tous les prisonniers de guerre indistinctement doivent être admis à donner leur parole sans qu'il y ait lieu de distinguer s'ils ont un grade, quel est ce grade, ou s'ils n'en ont pas.

Qu'alléguerait-on, d'ailleurs, pour soutenir que les officiers devraient être seuls admis à recevoir la liberté sur parole ? Que la parole d'honneur n'est en usage qu'entre les personnes appartenant aux classes élevées de la société ; que le point d'honneur les touche mieux ; que les officiers sont plus capables de comprendre la portée de l'engagement ainsi souscrit ?

Ces raisons doivent être franchement rejetées

---

[1] Bluntschili. — *Droit International codifié.* Article 621, page 362.
Instructions Américaines. — Articles 126-127. — « L'honneur militaire n'est pas limité aux officiers. On peut se fier à leur honneur ainsi qu'à leur serment. Mais la parole d'honneur n'est en usage que dans les classes élevées, et c'est seulement dans ce sens qu'on hésite à l'admettre de la part de simples soldats ou sous-officiers.

comme désavouées par l'esprit démocratique contemporain et démenties par la réalité, car l'honneur et le jugement ne sont pas l'apanage des classes privilégiées.

De pareils arguments cessent, au surplus, d'être exacts dans les pays où le service militaire est obligatoire pour tous les citoyens, et où, conséquemment, tous les hommes, quels que soient leur rang et leur éducation, sont appelés à être soldats.

Mais en fait, cependant, c'est aux officiers surtout que la liberté sur parole est offerte. Il n'y a guère que le règlement espagnol sur le service des armées en campagne de 1882, qui déclare expressément que parfois on donne la liberté sur parole aux officiers et même aux soldats (art. 917).

Le rédacteur des dispositions relatives aux prisonniers de guerre insérées dans le *Manual of military law*, publié par le *War office* anglais, affirme que le soldat ne peut, d'après la loi anglaise, donner sa parole que par l'intermédiaire d'un officier commissionné ; d'où il suit que, pendant toute la durée de leur captivité, les prisonniers de guerre peuvent être mis en liberté sur parole. Mais il y a une restriction à peu près universellement admise, c'est que la liberté sur parole ne peut être accordée à aucun prisonnier pendant le combat.

Bluntschili dit : « La mise en liberté pendant la bataille est inadmissible et ne saurait avoir d'effet.

Pourquoi ? Parce que la condition sous laquelle,

cette liberté serait donnée, dans un pareil moment,
serait nécessairement de cesser de combattre et que
les hasards de la lutte, ainsi que le soin de leur propre défense, pourraient obliger les prisonniers de
guerre à combattre de nouveau et à manquer ainsi à
leur parole, même contre leur volonté [1]. »

Dans tous les cas, celui qui accepte la liberté sur
parole se trouve toujours en mauvaise posture, car
il ne pourra sortir avec honneur du dilemme qui suit :

« Ou il sera fidèle à la parole donnée de ne pas
reprendre les armes contre l'ennemi, et alors il aban-
donnera sa patrie et renoncera à jamais de pouvoir
venir en aide à ses frères d'armes, ou il trahira la
parole donnée en reprenant du service dans l'armée
de son pays, et, dans ce cas, il ne sera plus qu'un
parjure qui a forfait à sa parole d'honneur ».

En tout état de cause, le beau rôle ne sera pas pour
lui. C'est ce qui nous détermine à adopter l'opinion
du général Ambert, suivant laquelle il vaut mieux rester prisonnier avec ses compagnons d'armes et partager leurs souffrances et leurs peines morales que de
devoir sa liberté à un engagement qui peut conduire
à une trahison ou à un parjure.

En dehors de ces cas de délivrance individuelle, il
en existe d'autres qu'il suffira de mentionner, parce
qu'ils n'ont pas besoin de commentaires.

---

[1] Bluntschli. — Article 622, page 362.

Il est clair que celui qui s'est mis au pouvoir de l'ennemi et qui, traître à sa patrie, s'est enrôlé dans les rangs de ce dernier, cesse d'être prisonnier de guerre.

Il en est de même de celui qui est délivré par un coup de main de ses compagnons d'armes.

Ce qui se passe actuellement au Transvaal fournit une preuve de ceci.

En effet, les troupes transvaaliennes et orangistes, obligées de battre en retraite devant les forces envahissantes de lord Roberts et d'abandonner Prétoria, où étaient détenus la plupart des prisonniers anglais faits depuis le début de la campagne, ces derniers, par ce seul fait, se sont ainsi trouvés libérés de leur captivité.

C'est ainsi que : « 151 officiers et 3.500 hommes prisonniers des Boers à Prétoria ont été relâchés, les Boers n'ayant pu amener que 900 prisonniers.

IIᵉ Section. — Cas de délivrance générale

On en distingue deux :

a) L'Echange.

b) La libération des prisonniers à la fin de la guerre.

§ 1. — L'ÉCHANGE

L'échange régulier des prisonniers de guerre remonte à la fin du XVIIᵉ siècle.

Il a lieu entre deux ou plusieurs puissances belligérantes et consiste à rendre les prisonniers qu'on a faits à l'ennemi contre ceux qu'il a pris.

Comme on l'a vu plus haut, c'est aux Hollandais qu'on attribue l'initiative de cet usage.

L'accord des belligérants se manifeste par une convention, communément désignée sous le nom de *Cartel*.

On stipule ordinairement que ces hommes échangés ne participeront plus à la guerre entreprise ou bien que, pendant un certain délai, ils ne pourront y prendre part.

Dans les guerres d'Allemagne antérieures à 1789, il existait un tarif pécuniaire pour l'échange des prisonniers.

« Un lieutenant-général était remis contre 25.000 florins et un capitaine contre 10 florins. C'était là en quelque sorte une rançon. Cependant, on échangeait aussi les hommes les uns contre les autres ; un général était rendu contre un nombre déterminé d'officiers et un officier pouvait être échangé contre des soldats [1] ».

Le 16 septembre 1792, l'Assemblée nationale promulgua un décret pour l'échange des prisonniers de guerre.

« Considérant la nécessité de pourvoir le plus tôt

---

[1] Devilleneuve et Carette. — *Revue d'arrêts et de lois*, Tome 10 page 207. Note 2.

possible à l'échange des prisonniers de guerre et de répondre au juste empressement de ceux de nos frères d'armes qui, en combattant pour la patrie, sont tombés aux mains de l'ennemi.

« Considérant que les bases sur lesquelles le pouvoir exécutif ou les généraux d'armée concluront des traités, conventions ou arrêtés, doivent être fondées sur les principes de la liberté et de l'égalité, décrété comme principe pour l'échange des prisonniers.

Article Ier. — Il n'y aura aucun tarif pécuniaire pour l'échange suivant les différents grades.

Article II. — Il n'y aura pas de tarif d'échange tel qu'un officier ou un sous-officier de quelque grade que ce soit puisse être échangé contre un plus grand nombre d'individus de grade inférieur [1]. »

Un décret du 25 mars 1793 adopte les mêmes principes que celui de septembre 1792. — Il contient toutefois une innovation très heureuse dans son article 8. « Il permet de renvoyer les prisonniers non compris au cartel d'échange comme excédant le nombre de ceux qui sont tombés au pouvoir de l'ennemi, sur leur parole d'honneur de ne faire aucun service avant qu'ils soient échangés. Ils seront compris les premiers dans le prochain cartel [2]. »

---

[1] De Clercq. — *Recueil des Traités de la France*. Tome I, page 219.
[2] *Id* , *ibid*. Tome I, page 223.

Un cartel d'échange fut signé entre la France et la Grande-Bretagne le 22 septembre 1798.

L'échange, porte-t-il, aura lieu homme pour homme, grade pour grade. Les soldats seront renvoyés dans leurs foyers sur des navires dits parlementaires. Les personnes échangées seront l'objet d'un choix qui sera fait par les agents respectifs des gouvernements résidant à Londres et à Paris. Pendant les guerres de la Révolution et de l'Empire, l'Angleterre et la France, toujours en lutte, se firent de nombreux prisonniers.

La situation qui leur était faite donnait lieu à de fréquentes difficulés. Pour les aplanir, le gouvernement anglais avait un agent à Paris et la France était représentée à Londres. Ces agents n'avaient pour mission que de s'occuper des questions relatives aux prisonniers de guerre.

L'article 6 du cartel énumère certaines catégories de personnes qui pourront être renvoyées chez elles sans être portées sur l'état d'échange. Ces personnes, dit cet article, ne sont pas des prisonniers de guerre. Néanmoins, elles étaient encore détenues après avoir été arrêtées. Ce sont les chirurgiens, commis aux ordres, chapelains, instituteurs et les passagers pris à bord des navires ; on pourra échanger des officiers contre le nombre d'hommes fixé dans le tableau spécial suivant le grade de l'officier échangé [1].

---

[1] De Clercq. — *Traités de la France.* Tome I, page 368.

En 1810, il fut question d'un nouvel échange entre l'Angleterre et la France. Les Anglais avaient 50.000 prisonniers français et Napoléon en avait presque même quantité, Anglais, Espagnols ou Portugais à la solde de l'Angleterre. L'Empereur accepte, à la condition que les prisonniers alliés des Anglais figureraient à l'échange et propose de rendre 1.000 Anglais et 2.000 Espagnols ou Portugais contre 3.000 Français. Le gouvernement anglais veut limiter l'échange aux nationaux de chaque pays. Il désire que les Anglais puissent retourner dans leur patrie ; quant aux alliés, la question l'intéressait moins. Napoléon refuse et déclare qu'il acceptera seulement un échange général. L'Angleterre finit par accepter, à condition que les Anglais seraient échangés les premiers. Napoléon s'y oppose, craignant la duplicité anglaise. Les négociations furent rompues et les prisonniers gardés jusqu'à la fin de la guerre [1].

Le 13 août 1855, un cartel était conclu entre la France et l'Angleterre d'une part et la Russie de l'autre pour l'échange des prisonniers. Une première partie s'occupe de l'échange des prisonniers appartenant à la marine marchande et une seconde partie traite l'échange des prisonniers de terre et de mer. Les prisonniers seront échangés homme pour homme.

---

[1] Calvo. — *Droit International théorique et pratique*. Tome II, page 148.

grade pour grade. Les officiers pourront être rendus contre un nombre déterminé de soldats[1].

Il est nécessaire de connaître exactement les grades des prisonniers de guerre. Aussi ceux-ci sont-ils obligés de déclarer sur interpellation leurs noms et grades véritables.

L'article 107 (instruction des États-Unis pour les armées en campagne) dit que cette infraction peut motiver le refus de mise en liberté des prisonniers qui l'ont commise. Quand l'échange ne peut avoir lieu par suite de l'absence des prisonniers chez un des belligérants, l'article 108 de la même instruction permet de les relâcher moyennant une quantité déterminée de provisions, vêtements ou autres objets nécessaires à l'armée.

Le cartel pour l'échange des prisonniers peut être négocié de trois manières différentes :

1° On recourt à l'intermédiaire d'un État neutre, ce qui a eu lieu dans la guerre de Crimée. L'Autriche fut choisie pour faciliter l'entente ;

2° Les généraux commandants en chef ou leurs délégués peuvent négocier un cartel d'échange. C'est une convention militaire qui rentre dans leurs attributions. Leur gouvernement peut les désavouer et blâmer leur initiative, mais le cartel reste valable. Toutefois, pour les échanges importants, les généraux devront le plus souvent en référer à leur gouvernement ;

---

[1] De Clercq. — *Traités de la France*. Tome IV, page 575.

3° Les gouvernements belligérants envoient des commissaires *ad hoc*. Ce fut le système suivi dans les guerres de la Révolution et de l'Empire, notamment entre l'Angleterre et la France.

§ II. — LIBÉRATION DES PRISONNIERS A LA FIN DE LA GUERRE.

Il y a délivrance générale au profit de tous les prisonniers par l'effet de la conclusion de la paix.

La cessation de la captivité est une conséquence naturelle du rétablissement des relations pacifiques.

A la signature de la paix, tous les prisonniers de guerre sont rendus à la liberté. Dès que la guerre est terminée, les droits qu'elle avait conférés cessent d'exister. Elle seule permet de faire des prisonniers de guerre ; c'est un droit accordé aux belligérants : « Cessante causa cessat effectus ». La qualité de prisonnier de guerre disparaissant, aucune raison de les garder en captivité ne subsiste ; il faut les délivrer.

Mais, si la cessation de la captivité est une conséquence naturelle de la paix, la libération doit, au contraire, être une clause formelle dans le traité de paix.

Vattel a dit : « Si l'on ne peut délivrer les prisonniers pendant la guerre, au moins faut-il, s'il est possible, stipuler leur liberté dans le traité de paix.

C'est un soin que l'État doit à ceux qui se sont exposés pour lui[1] ».

Sir Robert Phillimore est d'avis que, si les prisonniers ne sont pas relâchés pendant la guerre, leur mise en liberté doit toujours être une condition de la paix qui met fin aux hostilités.

En fait, la clause relative à la cessation de la captivité figure dans presque tous les traités de paix et se confond avec la libération ; elle est comprise parmi les clauses dites générales, que l'on qualifie ainsi parce qu'on les retrouve dans tous les traités de cette sorte et qu'elles se tirent de l'objet même de ces traités, qui est le rétablissement des relations pacifiques.

De semblables clauses se trouvent dans les traités d'Utrecht 1713, entre la France et l'Angleterre ; de Tilsitt, 7 juillet 1807, entre la France et la Russie ; dans le traité de Paris de 1856, entre la France, la Prusse, l'Angleterre, l'Autriche, la Russie, la Sardaigne et la Turquie ; le traité de Zurich, 10 novembre 1859, entre la France et l'Autriche[2].

Dans d'autres traités de paix, un délai est fixé pour la stipulation. Il est déterminé tantôt au jour de la signature du traité, comme par exemple dans le traité de Campo-Formio du 26 vendémiaire an VI, entre la République française et l'empereur roi de Hongrie et

---

[1] Vattel. — *Le Droit des Gens.* Livre VII, chapitre VIII, page 24.

[2] De Clercq. — *Recueil des traités de la France.* Tome II, page 207 ; tome II, page 410 ; tome VII, page 59 ; tome VII, page 643.

de Bohème, et dans celui de Lunéville, du 20 pluviôse
an IX, entre la France et l'Empire ; tantôt à la date
de l'échange de la ratification, comme par exemple
dans le traité d'Aix-la-Chapelle, 18 octobre 1748,
entre la France, l'Angleterre et les Pays-Bas ; le traité
de Paris du 20 juin 1806 entre la France et la Russie
(Traité qui n'a pas été ratifié par le gouvernement
Russe), les préliminaires de paix entre la France et
l'Empire germanique du 26 février 1871 [1].

Il y a enfin des traités où la libération est stipulée
comme devant avoir lieu immédiatement après la
ratification, comme dans le traité préliminaire de
paix conclu à San Stéphano, le 19 Février 1878, entre
la Russie et la Turquie et où il est dit :

« Les prisonniers de guerre seront rendus réciproquement par le soin de commissaires spéciaux nom-
més de part et d'autre et qui se transporteront à cet
effet à Odessa et à Sébastopol [2].

Habituellement, le renvoi des prisonniers de guerre
est pur et simple, c'est-à-dire qu'aucune condition
n'accompagne leur libération. L'État à qui ils ressor-
tissent, après les avoir reçus, est le seul arbitre de
leur situation ; il leur confie un service actif, en les
envoyant dans telle garnison que bon lui semble, ou

---

[1] De Clercq. — *Recueil des traités de la France*. — Tome I, pages
335 et 339 ; tome I, pages 424 et 428.

[2] *Id.*, *ibid.* Tome II, page 182.

une fonction administrative, ou bien il les met soit en non activité, soit en disponibilité.

Le traité du 11 mai 1871, qui a mis fin à la guerre Franco-Allemande, a dérogé sur ce point aux usages suivis. Ce fait a son explication dans la persistance de l'occupation après la paix : les troupes allemandes ne devaient évacuer le territoire français qu'au fur et à mesure du paiement de l'énorme contribution exigée par le vainqueur.

L'article 10 du traité impose au gouvernement Français de renvoyer dans leurs foyers ceux des hommes qui sont libérables. Quant à ceux qui n'ont pas achevé leur temps de service, ils se retireront sur la rive gauche de la Loire. 20.000 prisonniers seront dirigés sur Lyon, à condition qu'ils seront immédiatement envoyés en Algérie, après leur organisation, pour être employés dans cette colonie. La violation de ces conditions était un casus belli pouvant amener une nouvelle rupture.

Les prisonniers de guerre peuvent contracter des dettes dans le lieu de leur internement. Les traités indiquent qu'ils ne sont remis en liberté qu'après les avoir acquittées. Est surtout formel en ce sens l'article 3 du traité entre la France et la Grande-Bretagne du 30 mai 1814 :

« Les prisonniers de guerre respectifs sont tenus d'acquitter, avant leur départ du lieu de détention, les dettes particulières qu'ils pourraient y avoir con-

tractées ou de donner au moins caution satisfaisante [1] ».

Il est admis que l'État capteur devra veiller à l'entretien des prisonniers et qu'il pourra demander le
remboursement de ses avances à son adversaire.

De graves questions s'élevèrent là-dessus au congrès d'Amiens en 1802. Un moment, ce principe fut
discuté par la France. L'accord se fit sur cette question,
mais aussitôt une nouvelle difficulté surgit. L'Angleterre avait de nombreux prisonniers de guerre français à nourrir, tandis que le nombre des Anglais prisonniers en France était bien moins considérable.
Elle réclamait la fixation de la dépense des deux
pays et le remboursement de la différence. Le gouvernement Français répondit que des Russes, des Bava-
rois et soldats d'autres nationalités au service de
l'Angleterre avaient été faits prisonniers et que ces
combattants devaient figurer au nombre des prisonniers que la Grande-Bretagne devait entretenir. Les
négociations traînèrent en longueur. Le premier Con-
sul consentit alors à la nomination d'une commission
qui réglerait le compte des dépenses, en considérant
comme prisonniers anglais, les soldats allemands
ou autres qui avaient été au service du gouvernement
Britannique [2].

Cette manière de voir fut adoptée par l'article 2 du
traité de paix (17 mars 1802).

---

[1] Thiers. — *Consulat et Empire*. Tome III, pages 374, 422, 424.
[2] *Id., Ibid.* Tome III, pages 428-430.

« Chaque partie contractante soldera réciproquement les avances qui auraient été faites par chacune des parties contractantes pour la subsistance et l'entretien des prisonniers dans le pays où ils ont été détenus. Il sera nommé, à cet effet, une commission spécialement chargée de constater et de régler la compensation qui pourra être due à l'une ou à l'autre des puissances contractantes [1] ».

Telles sont les règles que nous avons cru pouvoir dégager des coutumes et documents relatés dans ce travail. Après avoir désigné ceux qui peuvent régulièrement être faits prisonniers de guerre, indiqué le traitement qui doit leur être réservé, et énuméré les causes qui mettent fin à leur captivité, nous pensons avoir envisagé tous les aspects de notre sujet.

Cependant, avant de finir, nous croyons intéressant de passer rapidement en revue l'œuvre entreprise par les sociétés de secours au profit de ces victimes des luttes des peuples, et de dire un mot de la convention internationale projetée en leur faveur.

Ce sera l'objet d'un appendice qui formera le dernier chapitre de cette étude.

---

[1] Calvo. — *Recueil des Traités*. Tome IV, pages 355 et 356.

APPENDICE

Sociétés de Secours pour les Prisonniers de Guerre

L'honneur du premier essai de codification des lois sur la guerre appartient aux Etats-Unis. C'est en 1863, pendant la guerre de sécession, que parurent les Instructions pour les armées en campagne.

M. Edouard Laboulaye, dans sa préface de l'ouvrage de M. Bluntschili, s'exprime ainsi à ce sujet :

« Ces instructions sont un petit chef-d'œuvre ; ce n'est pas peu de chose que d'avoir ainsi installé le droit dans le domaine de la force, en réduisant sous le joug de la loi les usages et les excès mêmes de la guerre ».

Les instructions des Etats Unis en ce qui concerne spécialement les prisonniers ont exercé une influence incontestable, dont on trouve visiblement les effets dans les actes postérieurs qui ont eu pour objet de fixer les principes modernes du droit de la guerre.

Pendant que ce progrès s'accomplissait dans le droit international, un mouvement analogue se manifestait dans le domaine de la charité.

L'initiative privée commençait à chercher à adoucir les maux de la guerre.

Dès 1813, des sociétés d'assistance pour les militaires blessés se formèrent en Prusse. En 1814, quelques femmes dévouées se réunirent à Francfort et créèrent une société qui distribua des secours aux volontaires francfortois et à des prisonniers français blessés et malades recueillis dans les hôpitaux de la ville.

Le mouvement qui produisit tous ces élans vint aboutir à la conférence de Genève, mais il s'y manifesta d'une manière incidente.

M. Twining, le philanthrope anglais bien connu, demanda que la conférence voulût bien s'occuper de la conduite à tenir envers les prisonniers.

M. le prince Demidoff, tout en reconnaissant que les blessés avaient droit aux premières marques d'intérêt et aux secours les plus prompts, faisait observer qu'il existait une autre classe de victimes de la guerre, les prisonniers :

« Qui, plus ou moins maltraités par les marches et les combats, subissaient, bien qu'ayant la vie sauve, une douleur morale qu'il appartient à l'esprit chrétien d'adoucir ».

Pendant la guerre de 1854, M. Demidoff, prêchant d'exemple, avait établi à Constantinople un centre général de correspondance et de rapatriement pour les prisonniers ; aussi demanda-t-il instamment que la question des prisonniers de guerre ne fût pas laissée de côté par la conférence de Genève.

Dès les premiers jours de la guerre de 1870, le comité de la Croix-Rouge, à Genève, avait établi, à Bâle, une agence qui devait servir d'intermédiaire officieux entre les sociétés de secours aux blessés de France et d'Allemagne.

L'agence de Bâle fut amenée par la force des événements à étendre sa sollicitude aux prisonniers de guerre.

Immédiatement, au mois de novembre 1870, un comité international de secours fut spécialement organisé pour ceux-ci dans cette même ville sur l'initiative de M. le Dr Christ-Socin.

Celui-ci adressa un chaleureux appel, surtout destiné aux populations françaises du Midi, en faveur des innombrables prisonniers entassés dans les places-fortes de l'Allemagne du Nord.

« Jamais, dans aucune circonstance, un besoin aussi urgent ne s'est offert à la charité. Plus de 130.000 militaires du midi et de l'ouest de la France ont été amenés dans les dépôts, dans les froides casemates du nord de l'Allemagne, après avoir éprouvé des fatigues et des émotions capables à elles seules de briser la santé... Les lazarets des soldats malades sont partout fournis, sinon largement, toutefois d'une manière qui serait suffisante sans l'immensité des besoins.

Mais, ce qui reste à faire c'est de pourvoir les prisonniers qui ne sont pas malades, du strict nécessaire
pour prévenir la maladie [1] ».

L'œuvre des comités de secours pour les prisonniers de guerre était ainsi fondée en fait, et les circonstances vinrent démontrer bientôt les services qu'ils
étaient appelés à rendre.

Malheureusement, ces comités eurent à lutter contre
des difficultés de toute nature, et alors on forma un
comité central à Bruxelles, qui fut constitué d'une
manière définitive le 2 décembre 1870.

Voici, du reste, le programme du comité de Bruxelles :

Faire pour les prisonniers de guerre sans distinction de nationalité, avec l'agrément des gouvernements belligérants, ce que la convention de Genève a
fait pour les blessés ; adoucir, par des secours de
toute nature, la position des prisonniers de guerre,
leur faciliter, aux conditions fixées par les gouvernements, les relations avec leurs familles, multiplier
autour d'eux les ressources de la vie intellectuelle,
morale et religieuse. »

On connaît tout le bien que ce comité fit aux prisonniers de 1870, et cela tant aux prisonniers Français
qu'Allemands.

---

[1] Un fait entre mille pour montrer la détresse des prisonniers. Le
comité de Bruxelles fut sollicité d'envoyer à Dantzig, ce qu'il s'em-
pressa de faire, un jeu d'outils pour confectionner des sabots aux prisonniers qui manquaient complètement de chaussures.

Le Comité ne négligea rien, ni les secours, ni l'argent, ni les vivres, ni les vêtements. Il s'occupa aussi de la correspondance des prisonniers, qui s'effectuait avec une extrême difficulté.

Arrivé au terme de ses opérations par la signature du traité de paix et la libération des prisonniers, le Comité international de Bruxelles ne jugea point sa mission terminée.

En se fondant sur son expérience, le Comité manifesta, avant de terminer ses réunions, le vœu de voir s'établir une association internationale permanente pour les prisonniers de guerre et d'obtenir en leur faveur, par un accord diplomatique, en tenant compte de la différence des situations, des mesures analogues à celles que la convention de Genève avait consacrées pour les militaires blessés ou malades.

Du reste, dans les décisions de la conférence de la paix du 18 juillet 1899, on trouve dans le chapitre relatif aux résolutions prises à propos des prisonniers de guerre, l'article suivant :

« Les Sociétés de secours, pour les prisonniers de guerre, régulièrement constituées selon la loi de leur pays et ayant pour objet d'être les intermédiaires de l'action charitable, recevront de la part des belligérants pour elles et leurs agents dûment accrédités, toute facilité, dans les limites tracées par les nécessités militaires et les règles administratives, pour accomplir efficacement leur tâche d'humanité.

Les délégués de ces sociétés pourront être admis à

distribuer des secours dans les dépôts d'internement ainsi qu'aux lieux d'étape des prisonniers rapatriés, moyennant une permission personnelle délivrée par l'autorité militaire et en prenant l'engagement par écrit de se soumettre à toutes les mesures d'ordre et de police que celle-ci prescrirait. [1]»

Quoi qu'il en soit de ces manifestations généreuses de dévouement, il serait à souhaiter, une fois pour toutes, qu'une conférence internationale se réunît pour régler à l'avenir le sort des prisonniers de guerre, en les plaçant sous la protection d'un arrangement diplomatique.

---

[1] *Revue du Droit International public* (1899). Décisions de la Conférence de la Paix à la Haye. Chapitre II, article 15, page 557.

Projet de Convention Internationale
sur les Prisonniers de Guerre

Comme on l'a vu par les faits ci-dessus rapportés, l'amélioration du sort des prisonniers de guerre a été depuis vingt ans l'objet d'efforts sérieux et persévérants, qui ne sont pas restés stériles.

Si l'entente préparée par la Russie en 1874 n'a pas abouti à un acte définitif, il faut reconnaître quand même que le mouvement d'opinion en faveur des prisonniers s'est accentué de jour en jour et a produit des résultats considérables.

Il faut rapporter à cette initiative les modifications heureuses que plusieurs états ont introduites dans leurs règlements militaires et surtout les mesures qui ont été décrétées par le règlement Français du 21 mars 1893.

Mais il y a aussi d'autres mesures qui ne dépendent pas du bon vouloir d'un seul gouvernement et qu'un arrangement international peut seul réaliser, et il faut espérer que cet arrangement si désirable interviendra un jour entre les puissances.

Quand aucun sacrifice ne leur coûte pour préparer les moyens de combat et de destruction, les gouvernements ne sauraient envisager avec indifférence l'ajournement indéfini des garanties internationales de protection pour les nombreuses victimes de la guerre, dont aucun État ne peut se flatter de n'avoir pas à se préoccuper.

La conférence de 1874 avait adopté un ensemble de dispositions réglant les questions principales relatives aux belligérants et aux prisonniers, mais son œuvre est bien incomplète encore.

Le Congrès de 1889 a aussi signalé de nouvelles améliorations à introduire. Les derniers règlements militaires ont également accompli de grands progrès sous ce rapport.

Mais, s'il n'y a point d'arrêt dans la recherche des moyens de destruction, l'esprit d'humanité et de charité a aussi le droit et le devoir de toujours marcher en avant.

Il reste encore malheureusement du chemin à faire, et on peut se demander si jamais on arrivera à une solution bien satisfaisante.

Il est incontestablement pénible de voir des peuples civilisés n'avoir qu'un but à l'heure actuelle, celui d'entretenir à grands frais des armées nombreuses, de posséder des armes perfectionnées et d'inventer des engins formidables de destruction.

Combien ne seraient-ils pas plus heureux si l'ère des guerres étant à jamais passée, ils n'avaient d'autres soucis que de jouir en paix de tous les bienfaits amenés par les progrès de la civilisation.

Mais l'exemple qui se déroule de nos jours n'est pas fait pour laisser croire à ces belles chimères.

Il y a un an à peine, sur l'invitation du Tzar de Russie, tous les peuples de la terre étaient représentés à la Haye, dans un but de pacification universelle, et par une cruelle ironie du sort, six mois après, une guerre injuste et fratricide, entre deux peuples presque frères par leurs coutumes et leur religion, éclatait dans le sud de l'Afrique et faisait couler des ruisseaux de sang.

Cette guerre cruelle, qui n'a déjà fait que trop de victimes et qui n'est pas encore terminée, sera-t-elle la dernière ou tout au moins l'une des dernières?

Il est du devoir de chacun de le désirer.

Par malheur, la paix universelle n'est qu'une utopie, mais une utopie si consolante qu'on se plaît quand même à croire à la possibilité de sa réalisation.

Voir à jamais éteintes toutes les querelles intestines et ne connaître que des peuples unis dans un même but et marchant la main dans la main vers l'idéal suprême de « La Fraternité », n'est-ce pas, en effet, le plus beau rêve que puisse faire l'humanité pour l'honneur même de la civilisation !

INDEX BIBLIOGRAPHIQUE

ABEL DEROUX. — Invasion de 1870-71, dans l'arrondissement de Saint-Quentin.

ALFRED RAMBAUD. — Moscou et Sébastopol. (2e Partie).

AMBERT (LE GÉNÉRAL). — Récits militaires.

BLUNTSCHLI. — Le droit international codifié. Traduit de l'Allemand, par G. Lardy (1881).

BYNKERSHOCK. —

CALVO. — Droit international pratique et théorique.

CARLOS VIESSE. — Ancien sous-secrétaire d'Etat au Ministère des affaires étrangères du Pérou. Le droit international appliqué aux guerres civiles. Edition de 1898.

DAMIS. — Souvenirs de guerre et de captivité.

DE CLERCQ. — Recueil des Traités de France.

DE GARDEN. — Traité complet de diplomatie (1893)

DEVILLENEUVE ET CARETTE. — Revue d'arrêts et de lois.

DUDLEY-FIELD. — Projet d'un Code international. Traduction française d'Albéric Rollin (1881).

DUMONT. — Des corps diplomatiques.

G. F. DE MARTENS. — Précis de droit moderne de l'Europe. 1864.

HEFFTER. — Le Droit international de l'Europe. Traduction française de Bergson.

HÉRODOTE. — Histoire. Traduction française de Giguet.

INSTRUCTIONS AMÉRICAINES pour les armées en campagne.

KLÜBER. — Droit des gens moderne de l'Europe 1874.

LAURENT. — Histoire du droit des gens, tome VII. La féodalité et l Eglise (1865), (2e édition). Laurent, professeur à l'Université de Gand.

MIGNAUD. — Invasion allemande en Bourgogne.

MONTESQUIEU. — Esprit des Lois.

NÉGAO ARIGA. — Professeur de Droit international à l'Ecole supérieure de guerre de Tokio. La guerre Sino-Japonaise au point de vue du droit International.

PILLET. — Lois actuelles de la guerre. (Professeur-agrégé à la Faculté de Droit de Paris).

PRADIER-FODÉRÉ. — Professeur à la Faculté de Droit de Paris. Traité de Droit International public, Européen et Américain (1897).

REVUE DE DROIT INTERNATIONAL PUBLIC, tome I (1894) ; tome II (1894) ; particulièrement tome XII (1899).

ROMBERG (EDOUARD). — Des belligérants et des prisonniers de guerre (1894).

TRAVERS TWISS. — Le droit des gens ou des nations. Droit et devoirs des nations en temps de guerre. (Ancien professeur à la Faculté d'Oxford (1889).

VATTEL. — Le droit des gens.

WHEATON. — Histoire du progrès du droit des gens en Europe et en Amérique.

TABLE DES MATIÈRES

Vu : *Le Président de la Thèse,*
Jules VALÉRY.

Vu : *Le Doyen de la Faculté de Droit,*
VIGIÉ.

Vu et permis d'imprimer :
Montpellier, le 20 juin 1900

Le Recteur
A. BENOIST.

www.ingramcontent.com/pod-product-compliance
Lightning Source LLC
Chambersburg PA
CBHW072312210326
41519CB00057B/4891